Una iglesia capaz de VOLVER A PENSAR LA MISIÓN

C. René Padilla

EDICIONES
KAIROS

© 2017 Ediciones Kairós
Caseros 1275 - B1602ALW Florida
Buenos Aires, Argentina
www.kairos.org.ar

Ediciones Kairós es un departamento de la Fundación Kairós, una organización no gubernamental sin fines de lucro dedicada a promover el discipulado y la misión integral desde una perspectiva evangélica y ecuménica con un enfoque contextual e interdisciplinario.

Diseño de portada: Pablo Alaguibe
Diagramación: Adriana Vázquez
Preguntas de reflexión: Elisa Padilla y Pablo Alaguibe

Ninguna parte de esta publicación puede ser reproducida, almacenada o transmitida de manera alguna ni por ningún medio, sea electrónico, químico, mecánico, óptico, de grabación o de fotografía, sin permiso de los editores.

Queda hecho el depósito de la ley 11.723

Todos los derechos reservados
All rights reserved

Impreso en Argentina
Printed in Argentina

Padilla, C. René
　Una iglesia capaz de volver a pensar la misión / C. René Padilla. - 1a ed. - Florida: Kairós, 2017.
　126 p.; 20 x 14 cm.
　ISBN 978-987-1355-73-0
　1. Iglesia. 2. Teología Pastoral. 3. Teología Social. I. Título.
　CDD 260

Contenido

Prólogo	5
1. Después de Pentecostés, una iglesia misionera	7
2. ¿Cómo entender Pentecostés?	15
3. Pentecostés: el nacimiento de una comunidad	21
4. Toda la Iglesia es misionera	29
5. Misión y cruce de fronteras	37
6. Las iglesias locales y la misión mundial	45
7. El éxito numérico y la fidelidad al Evangelio	53
8. Misión y unidad de la Iglesia	61

9. Las misiones y el dinero 69

10. La predicación del "evangelio 77
 de la prosperidad"

11. La Iglesia y los grupos de *koinonia* 85

12. Educación teológica para la misión 93

13. El amor al poder y el poder del amor 101

Apéndice
Viñetas de una iglesia sierva 109

Prólogo

Porque el mundo cambió. Y sigue cambiando. Porque el dolor cambió. Y duele igual que siempre, pero con causas nuevas y cada día más perversas. Porque crecen el hambre y la sed de compasión, de consuelo, de amor y compañía. Por eso es necesario volver a pensar la misión. Y por muchas razones más. Porque no es justo responder con fórmulas gastadas a los desafíos que nos propone un Dios creativo. Porque cada generación de cristianos tiene el deber de actualizar los modos de su fidelidad al llamado de Jesús. Porque están cambiando los idiomas, los códigos y las preguntas que el prójimo nos hace. Porque tenemos un camino andado, del cual es obligación aprender, para persistir, pero también para rectificar. Y sobre todo, porque existe un pueblo increíblemente valioso, amado y amoroso, deseoso de obedecer a Dios, y capaz de curar

C. René Padilla

heridas y de bendecir todavía al mundo de muchas y renovadas maneras.

Por todo eso celebramos que aparezcan estos textos. Pensados y pulidos durante años por René Padilla, un reconocido teólogo y querido maestro que sigue inspirando a una generación tras otra.

Deseamos que el Señor bendiga y multiplique esta semilla. Que las ideas presentadas, y las preguntas que se ofrecen para alentar la reflexión, resulten en un crecimiento sano y genuino de iglesias y grupos, y de cada corazón honesto en busca de respuestas.

Pablo Alaguibe

1

Después de Pentecostés una iglesia misionera

Desde una perspectiva cristiana, Pentecostés y la Iglesia son realidades inseparables, y ambas apuntan a la presencia y la acción del Espíritu Santo.

Pentecostés marca el cumplimiento de la promesa de Jesucristo a sus seguidores: el advenimiento del Espíritu Santo. A esta promesa hacen referencia pasajes tales como Lucas 24:49 («Ahora voy a enviarles lo que ha prometido mi Padre») y Hechos 1:4 («Una vez, mientras comía con ellos, les ordenó: No se alejen de Jerusalén, sino esperen la promesa del Padre, de la cual les he hablado»). Aunque las promesas de Dios son muchas, esta es «la promesa del Padre» por excelencia.

C. René Padilla

Sobre la base de los dos pasajes citados, sin embargo, es claro que la promesa tiene una connotación misional: guarda estrecha relación con la extensión del Evangelio a todas las naciones. Para comprobarlo basta notar varios términos que se repiten en los respectivos contextos de los dos pasajes y que sugieren toda una misionología que toma como punto de partida el advenimiento del Espíritu Santo: «testigos» (Lc 24:48 y Hch 1:8), «poder» (Lc 24:49 y Hch 1:8), «todas las naciones» (Lc 24:47), «hasta los confines de la tierra» (Hch 1:8). Hablar de Pentecostés es hablar del poder del Espíritu Santo que, en cumplimiento de su promesa, Dios otorga a su pueblo para que testifique del Evangelio en todas las naciones. La Iglesia que surge de Pentecostés es una comunidad misionera.

A la vez, hablar de Pentecostés es hablar de la Iglesia como comunidad *pneumática*, la comunidad del Espíritu. Al comienzo de su Evangelio –el primer tomo de su obra– Lucas vincula al Espíritu Santo con el bautismo de Jesús (Lc 3:21-22) y con su ministerio mesiánico (4:18). Al comienzo del segundo tomo de su obra –Hechos de los Apóstoles–, lo vincula con la Iglesia. Pentecostés no es otra cosa que el «bautismo» de la Iglesia por medio del cual Dios la capacita para que continúe la misión de Jesucristo hasta el fin de los tiempos.

VOLVER A PENSAR LA MISIÓN

Veamos ahora, muy brevemente, la relación entre Pentecostés y la Iglesia en Hechos 2. El pasaje se divide en tres partes: el evento de Pentecostés (vv. 1-13), el significado de Pentecostés (vv. 14-39) y los resultados de Pentecostés (vv. 40-47).

El evento de Pentecostés (2:1-13)

La fiesta de Pentecostés era uno de los tres festivales anuales con los cuales el pueblo judío celebraba la cosecha, y se llevaba a cabo cincuenta días (de ahí la referencia a *pentekoste* = 50) después de la Pascua, lo que marcaba la iniciación de dicha cosecha. Lucas se limita a señalar que el derramamiento del Espíritu Santo con el cual nació la Iglesia neotestamentaria sucedió «cuando llegó el día de Pentecostés» (v. 1), sin detenerse a sacar ninguna conclusión de ese hecho. Lo que importa está en lo que sigue: el Espíritu de Dios descendió sobre los ciento veinte discípulos de Jesús reunidos en Jerusalén. Se trata, como hemos dicho, del bautismo de la Iglesia, respecto al cual caben tres observaciones:

En primer lugar, fue una experiencia personal a la vez que comunitaria. El autor parece poner especial cuidado en destacarlo cuando dice, por un lado, que «se les aparecieron unas lenguas como de fuego que se repartieron y se posaron sobre cada uno de

9

ellos» (v. 3, énfasis mío), y por otro, que «estaban todos juntos en el mismo lugar» (v. 1) y que «todos fueron llenos del Espíritu Santo» (v. 4). Lo personal y lo comunitario se complementan entre sí.

En segundo lugar, fue una experiencia en que el Espíritu Santo se manifestó por medio de fenómenos al parecer «naturales»: «un ruido como el de una violenta ráfaga de viento» (v. 2) y «unas lenguas como de fuego» (v. 3). Probablemente se trate de elementos tomados de las *teofanías* o manifestaciones de Dios en el Antiguo Testamento: el viento, que simboliza poder, y el fuego, que simboliza purificación. No es difícil relacionar la referencia a ellos con el anuncio de Juan el Bautista: «él [Jesús] los bautizará con el Espíritu [*pneuma* = viento] y con fuego» (Lc 3:16).

En tercer lugar, fue una experiencia que hizo posible la proclamación del Evangelio a «todas las naciones»; un anticipo de la evangelización que, comenzando en Jerusalén, se extendería «hasta los confines de la tierra» (Hch 1:8). Lucas no deja lugar a dudas sobre el carácter internacional de la multitud presente en Jerusalén con motivo de Pentecostés. Según él, la ciudad estaba llena de judíos «piadosos» de la Diáspora (o dispersión), «procedentes de todas las naciones de la tierra» (v. 5). A continuación ofrece una larga lista de nacionalidades representadas (vv. 9-11a), la misma que ha suscitado la curiosidad de los estudiosos en vista de su aparente falta de coherencia. Lo que al autor le interesa destacar, sin embargo, es que, por la acción del Espíritu Santo, el día de Pentecostés «las maravillas de Dios» fueron anunciadas a gente de muchas naciones, símbolo de toda la *oikoumene*.

Sólo en relación con la intención de Dios de que el Evangelio fuera anunciado a todas las naciones cobra sentido la *glossolalia* (habla en lenguas), a la que hace referencia el v. 4. No se trata de una experiencia mística o extática, sino de un recurso misional. Esta conclusión es reforzada por la observación de que cada uno de los presentes «los escuchaba hablar en su propio idioma» (v. 6) y por los comentarios que surgen de la multitud: «¿Cómo es que cada uno de nosotros los oye hablar en su lengua materna?» (v. 8), «¡todos por igual los oímos proclamar en nuestra lengua las maravillas de Dios!» (v. 11). En Pentecostés Dios inviste a la Iglesia del poder necesario para comunicar su Palabra a todas las naciones. Por la acción del Espíritu todas las naciones son reconocidas como parte de la sola raza humana y colocadas en el ámbito donde el Evangelio es anunciado con miras a la formación de una nueva humanidad

C. René Padilla

A esto se añade otro dato que no se puede pasar por alto: los que anuncian el Evangelio son galileos (v. 7), es decir, gente despreciada por los habitantes de Jerusalén. ¿No es esto una muestra de la humildad (y el poder) de Dios?

Preguntas para debatir en grupo

1. El advenimiento del Espíritu Santo es "la promesa del Padre" por excelencia. ¿Qué significa ser una comunidad "misionera"? ¿Qué es ser una comunidad "pneumática"? ¿De qué manera se relacionan entre sí los dos conceptos?

2. El advenimiento del Espíritu Santo fue una experiencia personal a la vez que comunitaria. Se manifestó por medio de fenómenos al parecer 'naturales' y fue una experiencia que hizo posible la proclamación del Evangelio a 'todas las naciones'. En nuestra experiencia de

iglesia, ¿lo personal y lo comunitario se complementan entre sí mutuamente, o enfatizamos un aspecto más que otro?

3. ¿Las manifestaciones del Espíritu Santo son meras experiencias de éxtasis personal, o nos ayudan a ser más maduros en nuestras relaciones como miembros de la Iglesia de Cristo?

4. ¿Son algo que nos separa de la gente de nuestro barrio o algo que nos conecta con ella y facilita nuestra proclamación del evangelio? ¿Cuál es la relación entre nuestra proclamación y el propósito de Dios de crear una nueva humanidad?

2
¿Cómo entender Pentecostés?

El significado (2:14-39)

El fenómeno de que, pese a la diversidad de idiomas representados, la gente pueda escuchar la proclamación del Evangelio en el suyo propio provoca la admiración de muchos (v. 12). Sin embargo, hay una minoría (los «otros») que aparentemente no entiende lo que sucede y en tono de burla comenta que los mensajeros están borrachos (v. 13). Esto lleva a Pedro a ofrecer una interpretación del significado de Pentecostés respecto a la cual podemos hacer las siguientes observaciones:

En primer lugar, el apóstol Pedro explica la experiencia de Pentecostés a la luz de las Escrituras.

La cita tomada de Joel 2.28-32a es una ventana abierta para ver el uso del Antiguo Testamento en el Nuevo. No es este el lugar para hacerlo detenidamente, pero no podemos dejar de señalar que la cita se asemeja a lo que en los rollos del Mar Muerto se denomina un *pesher*, es decir, una «interpretación» del Antiguo Testamento a la luz de un evento presente que se entiende en términos de cumplimiento. La perspectiva es escatológica (relativa a los últimos tiempos) y el presupuesto básico es que con el advenimiento de Jesús, el Mesías, se ha iniciado la última era y Dios está cumpliendo sus promesas y realizando su propósito en la historia. Desde esta perspectiva, lo que acaba de acontecer es lo que el profeta anunció: «los últimos días» (a los cuales aludiera el profeta con su «después de esto», Jl 22:8) han llegado y Dios ha derramado su Espíritu «sobre toda carne», es decir, sobre hombres y mujeres, jóvenes y viejos, sin distinción. Pentecostés es la creación de una nueva humanidad en que Dios «democratiza» la experiencia del Espíritu Santo y, consecuentemente, hace posible que todos los miembros de la Iglesia participen por igual en la proclamación de las buenas nuevas de la salvación en Cristo.

En segundo lugar, el apóstol Pedro explica la experiencia de Pentecostés cristológicamente. Para él, el que ha enviado al Espíritu no es otro que Jesús de Nazareth, «un hombre acreditado por Dios» por medio de prodigios y señales (v. 22), que fue crucificado (v. 23), resucitado (vv. 24-32) y exaltado como «Señor y Mesías» (vv. 33-36). Desde su posición de soberanía universal a la cual ha sido exaltado por el Padre, Jesús envía su Espíritu y otorga a su Iglesia el poder para servirle como testigo «hasta los confines de la tierra». Como muestra «la Gran Comisión» en Mateo 28:16-20, el señorío de Jesucristo sobre la totalidad de la creación es la base fundamental para la misión a todas las naciones.

Finalmente, el apóstol Pedro vincula la experiencia de Pentecostés con el llamado al arrepentimiento y al bautismo «en el nombre de Jesucristo», y con la promesa del perdón de pecados y del don del Espíritu Santo (vv. 37-39). Toda persona que responde al llamado recibe la promesa. Los dones de Dios tienen el mismo alcance que su llamado. Por lo tanto, la Iglesia está abierta para recibir en su seno a cualquiera que esté dispuesto a cambiar de actitud y colocarse bajo la autoridad de Jesucristo, y a compartir el mensaje de salvación con todos.

C. René Padilla

Preguntas para debatir en grupo

1. Pedro explica la experiencia de Pentecostés. ¿Qué significa que tiene una "perspectiva escatológica"? ¿Se da en nuestra iglesia esta creación de una nueva humanidad en que Dios 'democratiza' la experiencia del Espíritu Santo y hace posible que todos los miembros de la Iglesia participen por igual en la proclamación del evangelio, o esta proclamación está reservada para unos pocos miembros selectos?

2. ¿Qué significa entender Pentecostés cristológicamente? ¿Y qué

implica que el señorío
de Jesucristo sobre toda
la creación sea la base
fundamental para la misión?

3. ¿Hay una conexión entre la
unción del Espíritu Santo
y el arrepentimiento y el
perdón de pecados? ¿Todos
los perdonados reciben dones?
¿Hay personas en nuestra
iglesia local a quienes,
aunque han aceptado el
perdón de Dios, consideramos
menos importantes por no
tener ciertos dones?

3
Pentecostés: el nacimiento de una comunidad

Los resultados (2:40-47)

Los resultados de la experiencia de Pentecostés son sorprendentes. En cierto sentido, apuntan a lo que la Iglesia a lo largo de los siglos puede esperar de la presencia y la acción del Espíritu Santo en medio de ella. En síntesis, son los siguientes:

En primer lugar, la evangelización. La pequeña comunidad de discípulos se transforma, inesperadamente, en una iglesia que aún hoy se consideraría grande. Nótese que el crecimiento resulta de la predicación del Evangelio: «aquel día se unieron a la iglesia como tres mil personas» (v. 41). Más adelante, sin embargo, aparece otro dato importante que guarda relación con este crecimiento: «Y cada día el Señor añadía al grupo los que iban siendo salvos» (v. 47). No quedan dudas en cuanto al sujeto de la acción, pero también es obvio que el Señor usó medios para cumplir su propósito: la predicación del Evangelio (v. 41), las «maravillas y señales» hechas por los apóstoles (v. 43), el amor expresado en el compartir mutuo y la comunión entre los creyentes (vv. 44-46) y el espíritu de alabanza (v. 47a). En nuestro tiempo abunda la evidencia para mostrar los peligros de un énfasis unilateral en el crecimiento numérico, lo que en tiempos modernos se ha denominado «iglecrecimiento». ¡Claramente, no todo crecimiento en número viene de Dios! Pero esto no niega que hay un crecimiento eclesial numérico deseable, que es fruto de la acción del Espíritu por medio de su pueblo.

En segundo lugar, la enseñanza apostólica. La presencia del Espíritu se traduce en un verdadero «despertar teológico» en toda la comunidad: «Se mantenían firmes en la doctrina de los apóstoles» (v. 42a). No se trata de un intelectualismo estéril, sino de una búsqueda de profundización en la verdad de Dios revelada en Jesucristo y mediada por los apóstoles, con miras a «la obediencia a la fe». La enseñanza apostólica (la *didaqué*) ocupa un lugar central en la vida de toda iglesia que se abre a la acción del Espíritu.

En tercer lugar, la comunión cristiana. El Espíritu es creador de nuevas relaciones en el Cuerpo de Cristo. En el caso de la Iglesia de Jerusalén, por razón de su presencia los creyentes «se mantenían firmes ... en la comunión» (v. 42b). Los alcances de esta *koinonia* se aclaran en los siguientes versículos, donde se la ve concretada en una comunidad de bienes materiales (vv. 44-45; cf. 4:32-37). Si bien el pasaje es descriptivo, no prescriptivo, ilustra bien cómo la comunión cristiana que surge de una común experiencia del Espíritu afecta las relaciones personales hasta incursionar en el campo económico.

En cuarto lugar, la celebración. De este ingrediente de la comunidad del Espíritu da testimonio Lucas al afirmar que los creyentes de la iglesia de Jerusalén «se mantenían firmes ...en el partimiento del pan y en las oraciones» (v. 42c). Al parecer la referencia es a la celebración de la Cena del Señor (probablemente como parte de una comida comunitaria) y a la oración conjunta en las reuniones de la comunidad. Más adelante se añaden otros datos que enriquecen el cuadro: «No dejaban de reunirse en el templo un solo día. De casa en casa partían el pan y compartían la comida con alegría y generosidad, alabando a Dios y disfrutando de la estimación general del pueblo» (vv. 46-47a). Toda la descripción muestra que la comunidad que resulta de Pentecostés es una comunidad que celebra gozosa la experiencia de la irrupción de un nuevo día caracterizado por el *shalom* de Dios.

El cuadro no sería completo, sin embargo, sin las palabras, ya mencionadas, con que concluye todo el pasaje: «Y cada día el Señor añadía al grupo los que iban siendo salvos» (v. 47). La predicación del Evangelio y la rica vida comunitaria que experimentan los creyentes a partir de Pentecostés son medios que el Espíritu de Dios usa para cumplir una misión que trasciende a la iglesia en Jerusalén: la creación de una nueva humanidad que confiese a Jesucristo como el Señor de la historia y que viva a la luz de esa confesión. Hablar de Pentecostés es hablar de la Iglesia. Pero no de la Iglesia como un fin en sí, sino de la Iglesia como la huerta experimental de Dios donde anticipadamente se cultivan, muchas veces con sudor y lágrimas, los primeros frutos de la gran cosecha del Reino de Dios. El Espíritu de Dios es un Espíritu misionero; la Iglesia que él crea, por lo tanto, es una Iglesia con sentido de misión.

Preguntas para debatir en grupo

1. La experiencia de Pentecostés tuvo como resultado la evangelización, la enseñanza apostólica, la comunión cristiana, y la celebración en la mesa compartida y las oraciones. ¿A qué se da mayor importancia en nuestra iglesia local: al crecimiento numérico, a la enseñanza seria de la Palabra o a las maravillas y señales? ¿Al amor y el compartir entre los creyentes o a la celebración y la alabanza? Las estrategias de evangelización y de crecimiento numérico que utiliza nuestra iglesia se

asemejan más a los resultados de Pentecostés o a las técnicas modernas de mercadeo?

2. ¿La enseñanza apostólica y la reflexión sobre ella son centrales a la vida de nuestra iglesia? ¿Qué espacios tiene nuestra comunidad para fomentar este "despertar teológico" que tuvo la primera iglesia? ¿Buscamos profundizar el conocimiento de la Palabra de Dios para ser más obedientes, o para sonar más "intelectuales" y ganar influencia entre quienes nos escuchan?

3. ¿La presencia del Espíritu se hace visible en términos de un comunión más profunda en las relaciones humanas en nuestra iglesia local? ¿En qué espacios nuestra comunidad eclesial fomenta la comunión cristiana? ¿Es nuestra comunión tan profunda que estamos dispuestos a

compartir nuestros bienes con los que menos tienen?

4. ¿El Espíritu nos lleva a compartir la mesa y a celebrar la Cena del Señor? ¿Nuestra comunidad tiene espacios para celebrar el shalom de Dios?

5. ¿Disfrutamos de la estimación de los vecinos de nuestro barrio? ¿Qué ofrece nuestra iglesia al mundo como señales esperanzadoras del Reino de Dios?

4

Toda la Iglesia es misionera

Decir que toda la Iglesia es misionera es afirmar algo que los cristianos del primer siglo probablemente habrían considerado una perogrullada. Basta leer el libro de los Hechos para convencerse de que en la era apostólica el Evangelio se difundió en gran medida gracias a la entusiasta participación de los «laicos» (según la poca feliz descripción que usamos hoy) en la misión. Así, por ejemplo, ¿quién fundó la iglesia en Antioquía de Siria, «la iglesia madre» de todas las iglesias gentiles? La respuesta es clara como la luz del día:

> Después de la muerte de Esteban, comenzaron a perseguir a los creyentes, por lo que algunos tuvieron que huir a Fenicia, Chipre y Antioquía. Allí anunciaron a los judíos el mensaje del Evan-

gelio, pero no a los demás. Sin embargo, algunos creyentes de Chipre y Cirene llegaron a la ciudad de Antioquía y hablaron también a los no judíos, anunciándoles las buenas noticias acerca de Jesús, el Señor. El poder del Señor estaba con ellos, y así fueron muchos los que dejaron sus antiguas creencias y creyeron en el Señor (Hch 11.19-21 VP).

El Espíritu Santo se valió de «algunos creyentes de Chipre y de Cirene» para formar la primera iglesia en el mundo gentil, aproximadamente en el año 40 d.C. ¿Quiénes eran? ¿Cuántos eran? ¿Qué oficios tenían? ¿Qué tipo de «preparación teológica» habían recibido? La narración carece de datos que satisfagan nuestra curiosidad. Lo único que sabemos de ellos es que eran creyentes chipriotas y cirenaicos que habían salido de Jerusalén huyendo de la persecución desatada a raíz del martirio de Esteban. Evidentemente, entre ellos no había ningún apóstol (Hch 8.1). Todos eran creyentes «ordinarios». Y sin embargo, esa iglesia establecida por fundadores anónimos al cabo de pocos años sería (en cuanto sabemos) la base de la primera «misión transcultural» que hizo posible la proclamación del Evangelio en el mundo gentil, en la cual participaron varios de sus miembros: Bernabé, Saulo de Tarso (llamado luego Pablo), Juan Marcos, Silas y Tito.

El caso de un matrimonio de fabricantes de carpas, Priscila y Aquila, también ilustra el lugar que tenían los «laicos» en la misión de la Iglesia en esa gloriosa etapa de la historia del cristianismo. Nos topamos con ellos por primera vez cuando Pablo llega a la ciudad de Corinto –un importante centro político y comercial–, aproximadamente en el año 51 d.C. Habiendo sido expulsados de Roma por un edicto del emperador Claudio que disponía que todos los judíos salieran de allí, están viviendo en Corinto, dedicados a su oficio, que es hacer tiendas de campaña. En su hogar el Apóstol encuentra trabajo y abrigo (Hch 18.1-4). No se sabe si su conversión ocurre antes o después de su llegada a Corinto; lo cierto es que dos años más tarde, cuando Pablo emprende el viaje de regreso a su iglesia en Antioquía, ellos viajan con él hasta Efeso y allí establecen su hogar e inician su ministerio cristiano (Hch 18.18-19). Poco después su casa se transforma en centro de reuniones de la iglesia local (1 Co 16.19) y en aula donde el elocuente Apolos de Alejandría es instruido por ellos en el camino de Dios, puesto que sólo conoce «el bautismo de Juan» (Hch 18.24-26). Más tarde, aproximadamente en el año 55 d.C., los encontramos de vuelta en Roma (Ro 16.3-5), probablemente aprovechando que el edicto de Claudio ha quedado sin efecto debido a la muerte del emperador. Otra vez, también allí la iglesia se reúne en su casa (v. 5). Que Pablo los describa como sus «colaboradores en Cristo Jesús» (v. 3) muestra claramente que en la mente del Apóstol Aquila y Priscila –lo mismo que María (v. 6), Urbano (v. 9), Trifenia, Trifosa y Pérsida (v. 12), otros «laicos» cuya labor él menciona explícitamente– comparten con él, de igual a igual, la responsabilidad misionera. En efecto, lo más probable es que la iglesia a la cual Pablo dirige su carta conocida como Romanos sea el resultado de las labores de «laicos» procedentes de varios lugares del Imperio. Toda la evidencia ratifica la afirmación de Michael Green según la cual «el cristianismo fue desde el principio un movimiento *laico* y así continuó siendo por un periodo notablemente largo» (énfasis mío).

Por supuesto, esto no niega que en la Iglesia del primer siglo hubiera «misioneros a tiempo integral». En el Nuevo Testamento se usa el término apóstol para referirse no sólo a los apóstoles de Jesucristo –los Doce y, posteriormente, Pablo–, sino a misioneros itinerantes enviados y sostenidos económicamente por las iglesias. A ellos alude Pablo cuando escribe acerca de los «apóstoles de las iglesias» (2 Co 8.23); a la misma categoría quizá pertenecieran Andrónico y Junias, parientes del Apóstol (Ro 16.7). Al parecer había también «profetas», «evangelistas» y «pastores y maestros» que, como los apóstoles mencionados, iban de lugar en lugar cumpliendo un ministerio itinerante con el apoyo de las iglesias. Sin embargo, la difusión de las buenas nuevas de salvación en Cristo no dependía ni exclusiva ni principalmente de ellos, sino de misioneros «laicos», de cristianos que como Priscila y Aquila compartían su fe espontáneamente entre sus familiares, amigos y conocidos dondequiera que iban. Justo González está indudablemente en lo correcto cuando escribe:

> La mayor parte de la expansión del cristianismo en los siglos que anteceden a Constantino tuvo lugar, no gracias a la obra de personas dedicadas exclusivamente a esta tarea, sino gracias al testimonio constante de cientos y miles de comerciantes, de esclavos y de cristianos condenados al exilio que iban dando testimonio de Jesucristo dondequiera que la vida les llevaba, y que iban creando así nuevas comunidades en sitios donde los misioneros «profesionales» no habían llegado aún.

Tanto la profesionalización de la misión como la del pastorado fueron un desarrollo histórico posterior al periodo apostólico. Vinieron acompañadas por la tradicional dicotomía entre «clérigos» y «laicos», la misma que paulatinamente fue tomando forma desde el siglo 2 y llegó a su culminación en el siglo 4. Persiste aún en casi todas las iglesias y es, sin lugar a dudas, uno de los mayores obstáculos que encara la misión cristiana hoy. Desde esa perspectiva, la misión está estrictamente vinculada a la «profesión clerical»: es un deber que atañe exclusivamente, o casi exclusivamente, a quienes han sido llamados a «servir a Dios a tiempo integral». Y para nosotros –cristianos latinoamericanos, mucho más acostumbrados a recibir que a dar– la misión es preferencialmente una vocación para europeos o norteamericanos.

Urgentemente necesitamos recuperar la visión neotestamentaria de la Iglesia –pueblo de Dios, cuerpo de Cristo, comunidad del Espíritu– en la cual todos los miembros han sido llamados a servir a Dios a tiempo integral. Ser cristiano es, entre otras cosas e ineludiblemente, ser partícipe en la causa del Evangelio. El tomar parte en la misión no es nunca algo optativo para el cristiano. Por supuesto, éste puede preguntarse (y preguntar) sobre cómo y dónde quiere Dios que él ejerza su vocación misionera, pero sólo a partir de una premisa que no admite discusión: al ser llamado a Jesucristo, también ha sido llamado a comprometerse con él en la misión del Dios trino.

Preguntas para debatir en grupo

1. ¿Qué lugar tuvieron los 'laicos' en la misión de la Iglesia del Nuevo Testamento?

2. ¿Cuáles fueron las consecuencias de que el movimiento misionero dejara de ser un movimiento de 'laicos'?

¿Vemos en nuestra iglesia esta separación entre 'clérigos' y 'laicos', entre los 'profesionales' de la misión y la gente común, entre los que están dedicados a la obra de Dios y los que no lo están?

3. Si "todos los miembros han sido llamados a servir a Dios a tiempo integral" y a "ser partícipes en la causa del Evangelio", ¿qué implica esto para nuestra vida familiar, laboral, social, artística, política y para todo ámbito de nuestra vida? ¿De qué manera servimos a Dios en todas estas áreas de la vida?

5
Misión y cruce de fronteras

El abecé de la misionología es que la misión cristiana es tarea de toda la Iglesia. No es un asunto que ésta puede dejar (o incluso tiene que dejar) en manos de «especialistas» dispuestos a cruzar fronteras geográficas o culturales. Si lo fuese, se podría concebir la posibilidad de que haya iglesias que no tengan ninguna participación en la misión por no contar con los especialistas (o «misioneros») que se ocupen de ella. Y eso resultaría muy similar a concebir la posibilidad de que haya fuego que no produzca ni luz ni calor.

Por supuesto, en la misión hay lugar para los «especialistas». Negarlo sería desconocer la historia de la expansión del cristianismo a partir del primer siglo y hasta nuestros días –una historia que contiene muchas páginas escritas con la sangre de hombres y mujeres que estuvieron dispuestos a dedicarse de lleno a la difusión del Evangelio. Pero esa misma historia demuestra que desde su comienzo la misión cristiana siempre ha dependido, y en gran medida, de la visión y el trabajo de cientos y miles de cristianos que, sin ser «misioneros» especializados, han tomado en serio su vocación misionera.

Si un cristiano «común y corriente» puede participar en la misión cristiana sin ser un especialista, entonces el cruzar fronteras geográficas y culturales no es una condición indispensable para la misión: uno puede ser «misionero» en su propio contexto social, sea éste el de la familia, el trabajo o el vecindario. Desde esta perspectiva, se podría argumentar, con buenas bases, que se necesitan más misioneros que crucen fronteras geográficas y culturales; pero eso no sería lo mismo que afirmar que solamente quienes las cruzan son misioneros. Para ser misionero basta cruzar la frontera entre fe y la no fe con el mensaje del Evangelio, y los lineamientos de esa frontera sólo pueden discernirse (con más o con menos claridad) en relación con Jesucristo, no en términos de geografía o cultura.

Pasó ya la hora en que la misión era considerada en términos de un movimiento que iba de «países cristianos» a «países paganos». Llegó la hora de recobrar la visión de un mundo que en su totalidad yace bajo la gracia y el juicio de Dios, y la estrategia paulina de hacerse judío para los judíos y gentil para los gentiles en el lugar donde Dios nos ponga, a fin de «salvar a algunos».

¿Qué puede significar aquello de hacerse «judío para los judíos» y «gentil para los gentiles», si no es entrar en la situación de los demás e identificarse con ellos en sus luchas y sufrimientos, sus preguntas y dudas, sus ansiedades y anhelos? En ese sentido, el que se hace «judío» o «gentil» tiene que abandonar la seguridad de su posición cristiana y penetrar en el mundo con el mensaje de fe, esperanza y amor en Jesucristo. Desde que la Palabra de Dios se hizo hombre, la encarnación se constituyó en el modelo ineludible de la misión. Encarnarse es cruzar la frontera que separa al misionero de su prójimo y a la Iglesia del mundo, y cruzarla con el mismo propósito que animó al apóstol Pablo: ganar a las personas para Cristo. Esto está en la esencia misma de la misión; lo otro –el cruce de fronteras geográficas o culturales– corresponde a la forma.

C. René Padilla

Lamentablemente, con demasiada frecuencia intentamos cumplir nuestra responsabilidad misionera desde la seguridad de nuestra posición evangélica, sin hacernos «judíos» para los judíos ni «gentiles» para los gentiles; sin cruzar fronteras de ningún tipo. Recluidos en nuestra vida eclesiástica, no entendemos los interrogantes, necesidades y angustias de quienes viven en el mundo «sin esperanza y sin Dios», ni estamos dispuestos a hacerlos nuestros. El Apóstol de los gentiles, al constatar el rechazo del Evangelio por parte de los judíos, se sentía lleno de tristeza y hasta habría querido estar él mismo «bajo maldición, separado de Cristo», si esto hubiese sido para el bien de sus hermanos, los de su propia raza. Nosotros sabemos muy poco, o nada, de esa pasión misionera. Por eso no estamos dispuestos a hacernos judíos para los judíos y gentiles para los gentiles. Creemos que basta ser cristianos, y allí nos quedamos.

Sin duda alguna, en nuestro acercamiento a la misión necesitamos una fuerte dosis de encarnación. En una situación tan profundamente afectada por la explotación y la injusticia, el militarismo y la corrupción moral y administrativa, el clasismo y la pobreza, como es la nuestra, es imposible calcular el costo del cruce de fronteras que nos exige el Evangelio. Algo anda mal con nuestro concepto de la misión cristiana si creemos que en América Latina es posible evadir el cruce de la frontera que nos separa de las grandes mayorías, a las cuales estamos llamados a manifestar el amor de Dios en palabra y acción. Y si algo es claro sobre la base del testimonio histórico registrado en el Nuevo Testamento, es que la preocupación de Jesús por los pobres lo envolvió en un conflicto con las autoridades políticoreligiosas de su tiempo, un conflicto que culminó en la cruz. Obviamente, la encarnación es inseparable de la cruz. Y no hay misión integral si no hay disposición a pagar el costo del discipulado.

Preguntas para debatir en grupo

1. ¿Vemos en nuestra iglesia una tendencia a dejar la misión en manos de 'especialistas', o todos los cristianos están tomando en serio su vocación misionera en sus propias situación de vida?

2. ¿Creemos que cruzar fronteras geográficas y culturales es una condición indispensable para la misión? ¿Le damos la misma importancia a alguien que elige ser 'misionero' en su propio contexto social (sea éste el de la familia, el trabajo o el vecindario) que a alguien que va a otro país como misionero?

3. ¿De qué maneras podemos entrar en la situación de los demás para identificarnos con ellos en sus luchas y sufrimientos, sus preguntas y dudas, sus ansiedades y anhelos? Si la encarnación de Dios es el modelo, ¿qué implicancias tiene esto para nuestra misión?

4. Cuando decidimos dejar nuestra cómoda seguridad y cruzar la frontera que nos separa de las grandes mayorías de nuestro continente, ¿qué obstáculos encontramos? ¿Cuál es el precio que podríamos llegar a pagar? ¿Estamos dispuestos a pagarlo?

6

Las iglesias locales y la misión mundial

Desde finales del siglo pasado se viene desarrollando una misionología consciente de la necesidad de que la Iglesia universal, por intermedio de las iglesias locales que la componen, tome en serio cada situación y cada cultura, con miras a la contextualización del Evangelio. Esa preocupación se refleja, por ejemplo, en el Informe sobre la Consulta de Willowbank sobre Evangelio y Cultura, realizada en enero de 1978 bajo los auspicios del Comité Lausana para la Evangelización Mundial. De especial importancia en relación con el tema que nos ocupa es el capítulo 8 de este Informe, «Iglesia y cultura», el cual afirma la urgencia de que cada iglesia adquiera su propia fisonomía y llegue a ser la expresión cristiana de la cultura local.

C. RENÉ PADILLA

En el campo católico romano, la *Evangelii Nuntiandi* de Pablo VI apunta en la misma dirección. El modelo eclesial que esta misionología vislumbra es una iglesia implantada y arraigada en su mundo socio-cultural, una iglesia capaz de responder a «las muy profundas aspiraciones de los pueblos y comunidades humanas a su propia identidad» (EN 63).

Sin embargo, no se haría justicia a la eclesiología bíblica si junto con el carácter local de la Iglesia no se afirmara también su universalidad. Las iglesias locales o particulares no son islas desvinculadas entre sí, sino expresiones concretas de la Iglesia universal. De ahí que el Informe de la Consulta de Willowbank advierte contra el peligro del «provincialismo», de una concentración tan exagerada de las iglesias en su propia cultura que «quedan a la deriva con respecto al resto de la Iglesia» (párr. 8e). La *Evangelii Nuntiandi* hace la misma advertencia desde otra perspectiva:

> Cuando una iglesia particular se ha cortado a sí misma de la Iglesia universal y de su centro vivo y visible, a veces con las mejores intenciones, con argumentos teológicos, sociológicos, políticos o pastorales, o incluso con el deseo de cierta libertad de movimiento o acción, ha evitado dos peligros igualmente serios. El primero

es un aislamiento debilitante... El segundo es la pérdida de su libertad (EN 64).

La conclusión lógica es que la particularidad de cada iglesia tiene que afirmarse en estrecha relación con su catolicidad. Cada iglesia implantada y arraigada en su realidad socio-cultural particular es fiel a su vocación eclesial en cuanto responde no sólo a esa realidad, sino también a la de la unidad del cuerpo de Cristo.

Las iglesias particulares dan testimonio de su catolicidad cuando reconocen su papel peculiar en relación con la misión, que es una sola y que es responsabilidad de toda la Iglesia. La unidad de la Iglesia es, entre otras cosas, unidad en la misión. A menudo se ha subrayado la importancia de la unidad cristiana para el testimonio evangélico. Tal énfasis hace eco a la oración de Cristo por sus discípulos: «Que estén completamente unidos, para que el mundo crea que tú me enviaste.» Pero si es cierto que la unidad es requisito ineludible para la misión, también es cierto que en la misión se concreta y corrobora en la unidad.

Ahora que hay iglesias plantadas y arraigadas prácticamente en todos los países del orbe, es necesario que la unidad de la Iglesia se manifieste no sólo a nivel local, sino también en la misión ad gentes, en la misión «al exterior», a nivel mundial. Esa es una necesidad que surge del Evangelio, ya que la redención en Cristo Jesús tiene un alcance universal y su proclamación, en palabra y en acción, es tarea de toda la Iglesia. Es, a la vez, una necesidad que se agudiza con el transcurso del tiempo en vista del continuo crecimiento de la población mundial y la consecuente disminución del porcentaje de cristianos alrededor del mundo. Definitivamente, pasó la época en que la «misión al exterior» era considerada una «empresa» de las iglesias de Norteamérica o Europa Occidental, y estaba estrechamente vinculada a la expansión colonial de los países ricos. Todo intento de perpetuar ese monopolio de la misión o de mantener modelos misionales propios de la época colonial, a menudo demasiado costosos para las iglesias pobres del mundo de las grandes mayorías, es totalmente anacrónico. La situación actual tanto de la Iglesia como del mundo exige que todas las iglesias que conforman la Iglesia a nivel global recuperen las dimensiones bíblicas de la misión y participen en ésta decididamente, con todo lo que son y todo lo que tienen.

En esta nueva era todas las iglesias tienen algo que dar y algo que recibir en su relación con las demás y con miras al cumplimiento de la misión que les es común. El movimiento misionero ya no sigue la misma trayectoria de antaño, de las «iglesias establecidas» a las «iglesias jóvenes», de las «iglesias misioneras» a las «iglesias receptoras». Todas las iglesias son misioneras: han sido enviadas para hacer discípulos de Cristo a todas las naciones. Y todas son receptoras: necesitan del aporte de las demás para crecer en el cuerpo de Cristo, «hasta que todos lleguemos a estar unidos en la fe y el conocimiento del Hijo de Dios». La meta es una nueva humanidad que manifieste la plenitud de vida en Cristo.

C. RENÉ PADILLA

Preguntas para debatir en grupo

1. ¿De qué maneras nuestra iglesia respeta nuestra propia fisonomía como pueblo? ¿Somos una expresión cristiana de la cultura local? ¿Es una iglesia arraigada en el mundo socio-cultural local? ¿Se concentra de modo tan exagerado en su propia cultura que queda aislada y 'a la deriva con respecto al resto de la Iglesia'?

2. ¿Qué características de nuestra iglesia muestran que es fiel al llamado a la unidad del cuerpo de Cristo? ¿Qué rasgos muestran su universalidad?

3. ¿Manifiesta nuestra iglesia "unidad en la misión" con otras comunidades de fe en la ciudad, el país o a nivel internacional? ¿O se limita cada iglesia y denominación a cuidar sus propios proyectos?

4. ¿Vemos en nuestras iglesias intentos de perpetuar el monopolio de la misión? ¿O intentos de mantener modelos misionales propios de la época colonial? Pensemos en ejemplos concretos. Para cumplir con la misión que tiene en común con otras iglesias, ¿qué tiene nuestra iglesia que puede compartir con otras y qué necesita recibir?

7
El éxito numérico y la fidelidad al Evangelio

La mayoría de iglesias evangélicas en América Latina está experimentando un crecimiento numérico asombroso. Tanto es así que, según opinan los expertos, algunos países (p. ej., Chile, Brasil, El Salvador y Guatemala) están en vías de convertirse en «países protestantes».

¿A qué se debe esta «explosión demográfica» en iglesias que hasta hace apenas unas dos décadas eran tan insignificantes numéricamente? Las respuestas varían mucho desde la que ve en el crecimiento la manifestación de la presencia del Espíritu de Dios, sin más ni más, hasta la que lo vincula con algún tipo de complot orquestado por la Derecha norteamericana o por la CIA para impedir el avance de las fuerzas de liberación de nuestros pueblos.

C. René Padilla

Sea cual fuere la explicación que demos a este fenómeno, pecamos de inocentes si pensamos que el crecimiento numérico es lo único o lo primordial desde el punto de vista del Evangelio. Para juzgarlo evangélicamente, tarde o temprano tenemos que preguntarnos hasta qué punto tal crecimiento sirve a la causa del Reino de Dios y su justicia, y hasta qué punto sirve a mezquinos intereses humanos.

No ignoramos que para muchos evangélicos la sola sugerencia de que en las iglesias evangélicas podría haber un crecimiento numérico no deseable es absurdo y quizás irreverente. Para ellos, hablar del crecimiento numérico de estas iglesias es hablar de la extensión del Reino de Dios, y eso es todo.

Disentimos. Disentimos teológicamente porque creemos que, aunque la Iglesia es la comunidad del Rey, todas sus expresiones históricas distan mucho de ser lo que, según el propósito de Dios, deben ser. Disentimos, además, porque en la práctica hemos visto iglesias evangélicas donde hay más señales del anti-reino que del Reino. La cruda realidad del pecado en la Iglesia nos obliga a preguntar, cada vez que se habla del crecimiento numérico, qué es lo que crece. Después de todo, no sólo crece la Iglesia de Jesucristo: también crecen (y a veces con más vigor que las iglesias evangélicas) las sectas pseudocristianas y los nuevos movimientos religiosos. Evidentemente, el crecimiento numérico en sí no prueba ni fidelidad al Evangelio, ni autenticidad cristiana, ni la presencia salvadora de Dios.

Lo que en este momento tenemos en América Latina es un avivamiento religioso de grandes proporciones. Hay razones para sospechar que este fenómeno guarda estrecha relación con la profunda crisis socioeconómica, política y cultural que hoy viven nuestros pueblos: frente a las incertidumbres que nos plantea la situación, buscamos algo a lo cual podamos asirnos, algo que esté por encima de todas las contingencias históricas y que nos brinde seguridad.

Este es terreno fértil para la siembra de religiones e ideologías, especialmente de religiones e ideologías que prometan un futuro mejor.

En este contexto se hace urgente que reflexionemos detenidamente sobre la iglesia que queremos que crezca, y que lo hagamos a la luz de la Palabra de Dios y de la realidad que nos rodea. Si no lo hacemos, corremos el riesgo de poner el éxito numérico por encima de la fidelidad al Evangelio y optar por modelos de Iglesia que dejen mucho que desear desde la perspectiva del Reino de Dios y su justicia.

Si nos preciamos de bíblicos, no basta citar la Biblia. También la citan los "Testigos de Jehová" y los

C. René Padilla

de la "Iglesia de la Unificación de Moon". También la citó Satanás cuando tentó al Señor en el desierto. Seremos bíblicos en la medida en que aprendamos a mirar a las oprimidas multitudes de nuestro continente, no como «candidatos a evangélicos», sino con los ojos de compasión con que Jesús miró a las multitudes de su tiempo: «angustiadas y desvalidas, como ovejas que no tienen pastor». Sin esa compasión de Jesús en el centro mismo de la vida y misión de la Iglesia, no hay manera de evitar el confundir la evangelización con el proselitismo, la experiencia cristiana con la religiosidad popular, la cohesión de grupos racistas y/o clasistas con la unidad de la Iglesia, la edificación de la Iglesia con la construcción de grandes y lujosos templos, la comunión con el sectarismo y la expansión del Reino con el «iglecrecimiento».

Quienes nos criamos como miembros de una minoría evangélica hostilizada y perseguida por «la religión oficial» en las décadas de los años 30 y 40, no podemos menos que alegrarnos por las nuevas posibilidades que hoy existen para la evangelización de América Latina. Sin embargo, también percibimos los peligros que las iglesias evangélicas enfrentan en la nueva situación, tales como la superficialidad en el compromiso, el acomodamiento a los valores de la sociedad tecnocrática, y el constantinismo. Y porque los percibimos, nos sentimos obligados a insistir en la necesidad de trabajar y orar para que el crecimiento de las iglesias evangélicas no sea sólo numérico sino integral: que sean comunidades que encarnen el amor, la justicia y la paz del Reino de Dios, que vivan para servir al Mesías crucificado, para la gloria de Dios.

C. René Padilla

Preguntas para debatir en grupo

1. El autor afirma que "el crecimiento numérico en sí no prueba ni fidelidad al Evangelio, ni autenticidad cristiana, ni la presencia salvadora de Dios". ¿Qué ejemplos concretos nos muestran que el crecimiento de nuestra iglesia es una manifestación de la presencia del Espíritu de Dios y que sirve a la causa del Reino de Dios y su justicia? ¿Podríamos encontrar indicios de que el crecimiento de nuestra iglesia estuviera sirviendo a intereses humanos? ¿Tendremos que reconocer en ella algunas señales de anti-reino?

2. ¿Estamos de acuerdo con la afirmación de que el avivamiento religioso "guarda estrecha relación con la pro-

funda crisis socioeconómica, política y cultural que hoy viven nuestros pueblos", y que la fe ofrece algo de qué asirse y que provea seguridad?

3. ¿Miramos a las personas primeramente con compasión, o como 'candidatos a evangélicos'? Analicemos con cuidado las desviaciones en las que una iglesia puede caer cuando pone de lado la compasión y hagamos una evaluación de nuestra iglesia:

   a. ¿Evangelizamos o hacemos proselitismo? ¿Cuál es la diferencia?

   b. ¿Lo que vivimos es experiencia cristiana o religiosidad popular? Pensemos ejemplos concretos de cada una. ¿Nuestras vidas siguen el estilo de vida de Jesús, o solo siguen el ejemplo de líderes eclesiales exitosos a los cuales admiramos?

c. El sentimiento de unidad
      que experimentamos, ¿se
      debe a la reconciliación
      obrada por Dios, o es la
      cohesión grupal natural
      que siente una etnia o un
      estrato social homogéneo?

   d. ¿Ponemos nuestro mayor
      esfuerzo en edificar
      la iglesia o en
      construir templos?

   e. ¿Fomentamos la comunión
      o el sectarismo? Pensemos
      en ejemplos de ambos.

   f. En qué se diferencian
      la expansión del Reino
      y el 'iglecrecimiento'?

4. ¿Enfrenta nuestra iglesia
   los peligros de la superficialidad en el compromiso,
   el acomodamiento a los valores
   de la sociedad tecnocrática y
   el constantinismo? Pensemos
   en ejemplos concretos de
   estos tres peligros.

8
Misión y unidad de la Iglesia

Quienquiera que esté familiarizado con la situación de la Iglesia en América Latina sabe bien que uno de los males más graves que la aquejan es el denominacionalismo. A las divisiones importadas desde otras latitudes se añaden las creadas por nosotros mismos. Las denominaciones o grupos cristianos en esta región del mundo suman hoy varios centenares (tal vez miles), y muchas de ellas se conciben a sí mismas como depositarias exclusivas de la verdad.

Todavía están por estudiarse las razones de la fragmentación de la Iglesia. Sospechamos que, de hacerse, tal estudio demostraría con demasiada frecuencia que las razones básicas no son teológicas ni muchos menos. El celo por la verdad tiene su lugar en la vida cristiana, y desde ese punto de vista habría divisiones tolerables y hasta necesarias, aunque dolorosas. Lamentablemente, vez tras vez la verdad es la primera víctima y la teología es utilizada para crear una cortina de humo que impide ver con claridad lo que está detrás de las divisiones.

Hace unos años un teólogo estadounidense escribió un libro en el cual argumentaba que las líneas que dividen las denominaciones en su país coinciden con las líneas que separan a las clases sociales. En realidad, no es difícil comprobar que también en América Latina las iglesias cristianas están conformadas en general de acuerdo con la estratificación de la sociedad. Resulta casi imposible encontrar iglesias que demuestren concretamente que en Cristo Jesús las paredes de la separación entre los seres humanos han sido derribadas; que en la nueva humanidad «ya no hay judío ni griego; no hay esclavo ni libre; no hay varón ni mujer», porque todos son uno en Cristo (Gá 3.28; cf. Ef 2.11-22; Col 3.11).

Por otra parte, es un hecho observable que muchas de las divisiones eclesiásticas reflejan riñas y disensiones debidas a conflictos de poder entre los líderes. El individualismo y el caudillismo destruyen la unidad de la Iglesia. Son formas de expresión de egoísmo que con mucha frecuencia conspiran contra las relaciones humanas dentro y fuera de la comunidad cristiana. Cristo las detectó entre sus apóstoles hacia el final de su ministerio terrenal y las encaró con su conocida (y siempre vigente) exhortación:

> Como ustedes saben, los que se consideran jefes de las naciones oprimen a los súbditos, y los altos oficiales abusan de su autoridad. Pero entre ustedes no debe ser así. Al contrario, el que quiera hacerse grande entre ustedes deberá ser su servidor, y el que quiera ser el primero será esclavo de todos (Mc 10.42-44 NVI)

La humildad es hermana de la unidad. Gracias a ella, la unidad es fortalecida por el mejor de sus colaboradores: el poder del amor. Sin ella, por el contrario, la unidad carece de respaldo y en cualquier momento es subyugada por el mayor de sus enemigos: el amor al poder.

Donde hay unidad, todos los miembros tienen algo que contribuir al crecimiento del cuerpo. Ningún miembro se considera más importante que el otro. Todos se sienten incompletos sin los demás y, consecuentemente, están dispuestos a recibir su aporte. En palabras del apóstol Pablo, «Así Dios ha dispuesto los miembros de nuestro cuerpo, dando mayor honra a los que menos tenían, a fin de que no haya división en el cuerpo, sino que sus miembros se preocupen por igual unos por otros» (1 Co 12.24-25 NVI).

La falta de unidad afecta negativamente el crecimiento orgánico del cuerpo. Pero eso no es todo. Desde el punto de vista bíblico, la unidad cristiana es inseparable del testimonio cristiano. Por lo tanto, nadie que se preocupe en serio por la misión de la Iglesia puede permanecer impasible frente al denominacionalismo y la fragmentación que marcan nuestra vida eclesiástica. El deseo de que los que conocen a Cristo sean «uno para que el mundo crea» no puede ser echado por la borda como una obsesión peculiar de los «ecumenistas» profesionales. Es un deseo que hace eco a la oración de nuestro Señor (Jn 17). Debe ser, a la vez, un incentivo a la acción orientada a fomentar la unidad del Espíritu.

El compromiso de trabajar por la unidad de la Iglesia tomando en cuenta su dimensión misional halla expresión en el Pacto de Lausana en los siguientes términos:

> Afirmamos que la unidad visible de la Iglesia en la verdad es propósito de Dios. La evangelización también nos invita a la unidad, ya que nuestra unidad fortalece nuestro testimonio, a la vez que nuestra falta de unidad socava el

Evangelio de reconciliación. Reconocemos, sin embargo, que la unidad organizacional puede tomar muchas formas y no ayuda a la evangelización necesariamente. Sin embargo, los que compartimos la misma fe bíblica debemos estar estrechamente unidos en comunión, trabajo y testimonio... Nos comprometemos a buscar una unidad más profunda en la verdad, la adoración, la santidad y la misión.

Lo menos que podemos hacer en aras de la unidad de la Iglesia es escuchar al hermano con quien no estamos de acuerdo. Escucharlo, deponiendo nuestros prejuicios, en actitud de genuina apertura. Escucharlo, dispuestos a dejar que, en la medida en que sus palabras se ajusten a la Palabra de Dios, él nos hable por medio de ellas. Después de todo, lo que está en juego no es nuestra reputación o la del grupo eclesiástico que representamos, sino la integridad del testimonio cristiano en el mundo.

C. René Padilla

Preguntas para debatir en grupo

1. ¿Qué ejemplos concretos vemos del mal del denominacionalismo entre nuestras iglesias? ¿Qué significa que la teología sea utilizada para crear una cortina de humo que impide ver la causa real de las divisiones? ¿Les parece que "las líneas que dividen las denominaciones en su país coinciden con las líneas que separan a las clases sociales"? ¿Conocen alguna iglesia que demuestre "que en Cristo Jesús las paredes de la separación entre los seres humanos han sido derribadas"?

2. ¿Están de acuerdo con que "muchas de las divisiones eclesiásticas reflejan riñas y disensiones debidas a conflictos de poder entre los líderes"? ¿Qué efectos concretos tienen el individualismo y el caudillismo en la iglesia? ¿Qué es lo que más vemos en nuestra iglesia: el poder del amor o el amor al poder? ¿Hay algunos miembros que se consideran más importantes que otros, o se considera que todos los miembros tienen algo que contribuir al crecimiento del cuerpo? ¿Cómo nos imaginamos a nuestra iglesia creciendo orgánicamente?

3. ¿Qué efectos han tenido el denominacionalismo y la fragmentación que marcan nuestra vida eclesiástica sobre nuestro testimonio cristiano? ¿Cómo entienden nuestros vecinos o compañeros de trabajo nuestras divisiones denominacionales?

4. ¿De qué manera concreta podemos trabajar por la unidad de la Iglesia? ¿Qué lugar debería tener el ecumenismo en nuestras iglesias? ¿Hay alguna iniciativa concreta que podemos tomar para empezar a colaborar con otras iglesias de nuestro barrio, aunque sean de otra denominación? ¿Y con otras instituciones de bien público?

9

Las misiones y el dinero

Pocos temas relativos a la misión de la Iglesia resultan tan escabrosos como el de su financiación. Cada pregunta que se plantee al respecto podría ser tema de un acalorado debate: ¿Quién provee y cómo se consigue el dinero para la «obra misionera»? ¿Quién hace el presupuesto y con qué criterios? ¿Quién administra los fondos disponibles y cómo? ¿Quién fija el nivel de ingresos y los beneficios colaterales de los misioneros (nacionales o extranjeros)?

Una lectura atenta del Nuevo Testamento muestra que ya en el primer siglo la cuestión de las finanzas de la misión era motivo de preocupación en círculos misioneros. Tal preocupación se refleja, por ejemplo, en el capítulo 9 de 1 Corintios, donde el apóstol Pablo afirma, entre otras cosas, que su satisfacción es predicar el Evangelio gratuitamente, sin hacer valer su derecho a recibir remuneración por su tarea. No es que dude que está bien que quienes se dedican a la difusión del Evangelio reciban de éste lo necesario para vivir. Por el contrario, argumenta: «¿Qué soldado presta servicio militar pagándose sus propios gastos? ¿Qué agricultor planta un viñedo y no come sus uvas? ¿Qué pastor cuida un rebaño y no toma de la leche que ha ordeñado?» (v. 7 NVI). La respuesta es clara: cada cual vive de aquello a que se dedica, y este principio también es válido para los misioneros.

Si Pablo se niega a recibir remuneración por su labor apostólica, no es porque crea que no tiene derecho a ella, sino porque quiere demostrar con absoluta claridad que para él su apostolado no es un medio de vida –un empleo– sino una obligación contraída voluntariamente con Jesucristo (vv. 16, 21). Otros apóstoles pueden hacer uso de sus derechos (vv. 5-6); él, por su parte, ha adoptado una línea de conducta con la cual quiere despejar toda duda en cuanto a las motivaciones que lo animan en su ministerio. Tan seguro está de su posición que prefiere morir a que se lo prive de la satisfacción de ejercer su apostolado sin recibir remuneración alguna (v. 15).

En otros pasajes (especialmente en su elocuente discurso a los ancianos de la Iglesia de Éfeso, en Hechos 20, y en 1 Tesalonicenses 1.6-9) el apóstol se refiere al duro trabajo que ha tenido que realizar y a las fatigas que ha tenido que soportar para satisfacer no sólo sus propias necesidades sino las de sus colaboradores en la obra misionera. En Filipenses 4.10-19 (el pasaje más rico para el estudio del concepto paulino de la mayordomía de los bienes materiales) agradece por la ayuda económica recibida de una iglesia que se ha destacado por su generosidad para con él. Pero el tono con que escribe muestra que para él es de suma importancia que los donantes entiendan que la ayuda es interpretada, no meramente como una remuneración para resolver sus problemas económicos, sino como «una ofrenda fragante, un sacrificio que Dios acepta con agrado» (v. 18 NVI).

La historia de la Iglesia abunda en ilustraciones de misioneros que han seguido el ejemplo de Pablo y se han dado modos para servir a Dios sin percibir remuneración alguna por ello. ¿Y quién puede calcular el número de creyentes «comunes y corrientes» que han servido y aún sirven en la causa de Jesucristo de manera totalmente desinteresada, muchas veces a costa de grandes sacrificios? La semilla del Reino germina y crece gracias al trabajo esforzado de un sinnúmero de obreros «voluntarios» en el campo de cultivo de Dios. Y el Dueño del campo, y él solo, sabe qué recompensa le corresponde a cada uno de sus siervos (1 Co 3.8, 14).

Nada de lo dicho niega que en ese campo de cultivo también hay lugar para una «fuerza de trabajo» de dedicación exclusiva compuesta por personas remuneradas por su labor misionera. Es en este punto, sin embargo, donde el tema de las finanzas de la misión se presenta como un agudo problema en el mundo moderno. La cuestión se complica en el caso de la obra misionera evangélica especialmente por la estrecha identificación de la misión (y de las misiones y los misioneros) con los países del Noratlántico, muy en particular con los Estados Unidos.

La base desde la cual en el primer siglo eran enviados los primeros misioneros al mundo no judío estaba ubicada en Antioquía de Siria, en la periferia del Imperio Romano. Se trataba de una iglesia que había sido fundada por un grupo de refugiados que estaban huyendo de la persecución desatada en Jerusalén a raíz del martirio del evangelista Esteban (cf. Hch 8.1; 11.19-21). Con el tiempo esa iglesia se constituiría en el hogar espiritual del apóstol Pablo al cual éste retornaría una y otra vez a informar acerca de sus labores y del progreso del Evangelio en el mundo grecorromano. La expansión del Evangelio en el primer siglo comenzó en la periferia y avanzó hacia Roma, la capital del Imperio, sin mayores recursos económicos.

En contraste, mucha de la labor misionera evangélica contemporánea depende del apoyo económico de iglesias más o menos identificadas (voluntaria o involuntariamente) con el Imperio. Por supuesto, en la obra misionera podrían citarse múltiples ejemplos de una administración de recursos financieros que se ejerce con sensibilidad humana, sentido de responsabilidad e integridad cristiana. Sin embargo, el factor mencionado ha dado lugar a que las iglesias evangélicas en nuestro continente sean percibidas frecuentemente como una «avanzada del imperialismo» y a que su mensaje sea considerado como el aspecto religioso de la penetración cultural de la superpotencia del Norte. Una alternativa frente a tales acusaciones es rechazarlas por hostiles y mal intencionadas. Sin embargo, una mejor alternativa es examinarlas para ver en qué medida apuntan a problemas reales de la obra misionera y son un llamado de atención sobre la necesidad de una revisión de vida en lo que atañe al manejo de las finanzas dedicadas a la misión.

C. René Padilla

Preguntas para debatir en grupo

1. ¿Es legítimo preguntarnos sobre el origen, la administración y el destino de los recursos económicos de nuestra iglesia u organización? ¿O acaso es una inquietud poco espiritual, que debe callarse y resolverse mediante la sujeción a los líderes?

2. Entre una justa retribución de obrero y las posibles acusaciones de actuar por interés económico, ¿qué caminos tomaba el apóstol Pablo? ¿Y cómo podríamos en nuestras iglesias abordar sabiamente ese conflicto?

3. ¿Podemos dar ejemplos de una administración de recursos financieros ejercida con sensibilidad humana, sentido de responsabilidad e integridad cristiana? ¿Existen ejemplos de lo contrario? ¿Cómo podrían ser corregidos?

4. ¿Cómo deberían actuar nuestras iglesias ante la acusación de ser una 'avanzada del imperialismo'? Junto con la ayuda económica procedente de América del Norte, ¿es posible que estemos recibiendo un mensaje que sea "el aspecto religioso de la penetración cultural"?

5. Pensemos en ejemplos concretos de esta influencia ideológica. ¿Qué problemas trae? ¿Percibimos que junto con el financiamiento viene la influencia en las decisiones? ¿Qué aspectos del manejo de las finanzas debemos revisar?

10

La predicación del "evangelio de la prosperidad"

La historia del movimiento evangélico en América Latina, como en otros lugares del mundo, demuestra que la conversión a Cristo tiene consecuencias en la vida económica de los conversos. Una y otra vez hemos visto cómo, por el impacto del Evangelio, alguna familia humilde ha logrado salir de la miseria y alcanzar un mejor «nivel de vida». Los hijos del obrero van a la universidad, estudian una profesión, consiguen un buen trabajo y, las más de las veces, se olvidan de que fueron pobres (esto de que se olvidan, sin embargo, sólo puede decirse en lenguaje figurado, ¿quién que se haya criado con las terribles limitaciones que la pobreza impone podrá olvidar la sensación de vacío en el estómago, que se llama hambre; el apocamiento de quien sólo tiene una o dos mudas de ropa y un par de zapatos; la inseguridad producida por los frecuentes cambios de domicilio, que a su vez señalan la falta de un techo propio?).

En un contexto así tiene sentido hablar de prosperidad material. Tiene sentido porque en ese caso la prosperidad es uno de los frutos de la conversión. Pone en evidencia que la transformación que el Evangelio produce incluye el área económica y pasa de lo espiritual a lo material. Demuestra que Dios «hace justicia a los oprimidos y da de comer a los hambrientos» (Sal 146.7, VP). Desde el punto de vista del cuidado de Dios por los pobres, tiene sentido hablar de prosperidad material.

Hoy en día, sin embargo, se multiplican las iglesias evangélicas donde se predica un «evangelio de la prosperidad» material con una orientación totalmente diferente de la que se sigue en la posición expuesta. Según este evangelio, los bienes materiales, incluyendo la riqueza, la fama, el éxito personal y la salud física son bendiciones que Dios ha puesto al alcance de nuestra mano, a condición de que confiemos en él. Health and wealth (la salud y la riqueza) forman parte del propósito de Dios para todos los creyentes. Lo único que uno precisa para apropiarse de estos bienes que Dios quiere darle es la fe. ¿No dijo Jesús que la fe verdadera mueve montañas? No se requiere mayor esfuerzo para rastrear el origen de este nuevo evangelio. Para ello basta echar un vistazo a los nombres de los autores de los innumerables libros que representan esa posición y que pueden adquirirse en casi cualquier librería evangélica: Kenneth Hagin, Kenneth Copland, Benny Hinn, Oral Roberts... Obviamente, se trata de un evangelio forjado en los Estados Unidos, en un ambiente caracterizado por el individualismo, el materialismo, el hedonismo y el consumismo.

¿Será accidental que la masiva importación de esta nueva moda religiosa se lleve a cabo precisamente en esta época de florecimiento del neocapitalismo en el campo político y económico? Tristemente, la moda religiosa y la moda político-económica son sólo señales de la situación de dependencia que viven nuestros países y que está dejando un horrible saldo de dolor y muerte en los sectores menos privilegiados de la población.

Este nuevo evangelio made in USA está hecho a la medida de nuestro tiempo. Es un evangelio que promete lo que hoy la gente en general, condicionada por los valores propios de la época, quiere tener. Desde esta perspectiva, no sorprende que las iglesias que lo adoptan se conviertan en «megaiglesias» a corto plazo. La oferta de prosperidad atrae a muchos adeptos en una sociedad consumista donde la persona vale más por lo que tiene que por lo que es. Pero atrae también a cientos y miles de personas que, en la ausencia de proyectos políticos de justicia social, recurren a iglesias cuyo mensaje de salud y riquezas por medio de la fe (¿o de la fe en la fe?) les da la imagen de botes salvavidas en un tormentoso mar de hambre y pobreza.

El espacio disponible no me permite analizar aquí los peligros de esta religiosidad popular «evangélica». Me limito a dejar con el lector varias preguntas para su consideración del tema desde un ángulo bíblico-teológico.

Obviamente, la prosperidad –especialmente la material– no siempre es compatible con la fidelidad a Dios en la misión que él nos ha encomendado. En lo que a mí atañe, pido a Dios que me mantenga fiel a él, aunque no siempre me dé lo que yo quisiera tener.

Preguntas para debatir en grupo

1. Si es cierto que Dios quiere librar a los creyentes de todas las adversidades y sufrimientos que afectan a la raza humana, incluyendo las enfermedades, ¿cómo se explica la muerte de los creyentes a lo largo de los siglos? ¿Mueren por falta de fe? ¿O mueren porque, aunque Cristo ya reina como Señor del universo, 'el último enemigo' --la muerte-- todavía no ha sido derrotado por completo (cf. 1 Co 15.25-26)?

2. ¿Fue por no creer que el apóstol Pablo no obtuvo la respuesta que deseaba cuando

oró (¡tres veces!) pidiendo a Dios que le quitara el 'aguijón en la carne' (probablemente una enfermedad) que le atormentaba (cf. 2 Co 12.7-10)? ¿Se equivocó C. S. Lewis al afirmar que 'Dios susurra en nuestros placeres, habla en nuestra conciencia, pero grita en nuestros dolores: el sufrimiento es su megáfono para despertar a un mundo sordo'?

3. Si es cierto que la prosperidad material está incluida en el propósito de Dios para sus hijos, ¿qué sentido tiene la lista de 'héroes de la fe' en Hebreos 11, muchos de los cuales 'experimentaron vituperios y azotes, y a más de esto prisiones y cárceles; fueron apedreados, aserrados, puestos a prueba, muertos a filo de espada, anduvieron de acá para allá cubiertos de pieles de oveja y de cabras, pobres, angustiados,

maltratados'? (vv. 36-37).
¿Les faltó la fe o sufrieron
por causa de la fe?

4. ¿Qué respuesta obtuvo
   Jesucristo a su oración en
   el huerto de Getsemaní,
   'aparta de mí esta copa'?
   ¿Qué nos enseña esa oración
   en cuanto a cómo debemos orar
   nosotros (cf. Mc 14.36)?

11

La Iglesia y los grupos de *koinonia*

En muchos lugares alrededor del mundo los cristianos están redescubriendo el valor de los grupos de *koinonia* («comunión») en relación con la vida y misión de la Iglesia. Abundan los ejemplos. Las «reuniones caseras» son una de las claves más importantes para entender el crecimiento de la Iglesia en la China en estos últimos años. Algunos investigadores calculan que, a pesar de todas las limitaciones que el régimen comunista impone a la difusión de la fe cristiana, el número de cristianos en ese gigantesco país podría llegar a los cincuenta millones. La mayoría de ellos han recibido el Evangelio en algún hogar, invitados por un pariente o amigo. A la luz de lo que viene sucediendo en la China, es obvio que aunque la Iglesia institucional sea destruida, el pueblo de Dios puede sobrevivir y crecer en pequeños grupos. La actual crisis de las iglesias en Europa es un asunto de conocimiento común. Cada año se cierran centenares de templos; en la gran mayoría de congregaciones el número de miembros disminuye alarmantemente. Sin embargo, por todas partes se multiplican las «células de estudio bíblico», «iglesias caseras» y «comunidades» que mantienen viva la llama del Evangelio. En las Islas Británicas, por lo menos, hay quienes consideran que el futuro de la Iglesia es inseparable de este nuevo fenómeno. Según un observador, este es el evento más significativo en la vida de la Iglesia allí desde el avivamiento wesleyano del siglo 18. Por lo visto, los grupos pequeños son tan vigentes en países que viven en plena era poscristiana como en países regidos por gobiernos anticristianos.

En contraste con lo que sucede en Europa y pese al avance del secularismo en el mundo occidental, la asistencia al culto dominical sigue siendo una costumbre ampliamente aceptada en los Estados Unidos. El problema es que la *new-born religion* es ahora un producto tan popular en la sociedad de consumo que la fe cristiana se diluye y corre el riesgo de convertirse en la sanción religiosa de modos de pensar y de actuar totalmente ajenos al espíritu del

Evangelio. También en ese ambiente los grupos de *koinonia* ofrecen un punto de referencia y apoyo a cientos y miles de cristianos dispuestos a ceñirse a la ética.

No debemos olvidar que ya en el primer siglo los grupos pequeños desempeñaron un papel sumamente importante en la vida de la Iglesia. En efecto, el Nuevo Testamento pone en evidencia que en la era apostólica la célula de creyentes que se reunían en el hogar de alguno de ellos era la estructura eclesiástica básica. La «iglesia casera» no era la excepción sino la regla. Recién en el siglo 3 se inició la costumbre de construir edificios especiales para reuniones cristianas, con lo cual se dio un paso definitivo en el camino de la institucionalización.

No es necesario idealizar a la Iglesia del primer siglo para reconocer que en general estaba marcada por una comunión cristiana de la más alta calidad. Lo que llevó a los creyentes pudientes a vender sus propiedades y sus bienes y poner el dinero a disposición de la comunidad en Jerusalén no fue un entusiasmo superficial sino una profunda experiencia de unidad en Cristo, resultado directo de Pentecostés. Sin embargo, no es una coincidencia que la estructura eclesiástica básica en ese momento de la historia del cristianismo haya sido la iglesia casera, como seguiría siéndolo posteriormente entre los gentiles que creerían en Cristo por medio de Pablo y sus colaboradores. Al contrario, esa era la estructura que hacía posible que los creyentes sintieran y pensaran la Iglesia como la familia de Dios, el cuerpo de Cristo y la comunidad del Espíritu, y no como una mera institución. El número limitado de miembros, el ambiente hogareño y la participación en las comidas comunitarias eran factores que Dios utilizaba para unirlos en un corazón y un alma, tanto como la proclamación del Evangelio, el ejercicio de dones y la presencia del Espíritu. El grupo de *koinonia* era el continente adecuado para ese contenido creado por el Evangelio que era la Iglesia; era la estructura apropiada para manifestar a la vez que fomentar el carácter comunitario de la fe cristiana.

Pero tampoco es una coincidencia que la pérdida del sentido de familia, cuerpo y comunidad viniera acompañada por el énfasis en la institución. Cuando la Iglesia perdió de vista su naturaleza y propósito, forjó estructuras que le permitieran representar su papel de institución eclesiástica sin dar lugar a la autocrítica, las preguntas incómodas o el arrepentimiento. Como resultado, la Iglesia se convirtió en templo, la evangelización en reuniones masivas, la comunicación en organización, la misión en crecimiento numérico, el pastorado en clero.

El actual auge de los grupos de *koinonia* apunta al redescubrimiento de un continente mucho más adecuado para la intención de Dios para su Iglesia. Por sí solos no aseguran una mayor autenticidad en la vida y misión de Dios. Después de todo, nada ni nadie aparte del Espíritu Santo podrá lograr que los huesos secos vivan y que la esperanza florezca en la Iglesia. Pero si bien es cierto que los grupos de *koinonia* no pueden hacer lo que sólo Dios puede, también es cierto que la Iglesia no puede existir sin estructuras. Lo importante es recordar que las estructuras se hicieron para servir a la Iglesia, y no la iglesia para servir a las estructuras. Consecuentemente, las que sólo sirven para preservar programas que han perdido su valor deben ser reemplazadas por otras que sean tierra fértil en la cual la semilla del Evangelio germine y dé fruto. Por ejemplo, los grupos de *koinonia*.

C. René Padilla

Preguntas para debatir en grupo

1. ¿Es posible que nuestra religión se haya convertido en un producto tan popular en la sociedad de consumo que corre el riesgo de sancionar modos de pensar y actuar que son ajenos al evangelio? ¿Cuáles podrían ser algunos de estos modos de pensar y actuar?

2. ¿Pensamos que en nuestro caso "la Iglesia se convirtió en templo, la evangelización en reuniones masivas, la comunicación en organización, la misión en crecimiento numérico, el pastorado en clero"? ¿Sufre nuestra iglesia

las consecuencias de la
institucionalización? ¿Cuáles
son estas consecuencias?
¿Nuestras estructuras dan
lugar a la autocrítica,
las preguntas incómodas
y el arrepentimiento?

3. ¿Cómo es la comunión cristiana
en nuestra iglesia? ¿Los
creyentes sienten a la Iglesia
como familia de Dios, como
cuerpo de Cristo y comunidad
del Espíritu? ¿Tenemos
estructuras apropiadas para
manifestar y a la vez fomentar
el carácter comunitario
de la fe cristiana?

4. ¿Tiene nuestra iglesia grupos
de koinonía? ¿En ellos se
fomentan modos de pensar
y actuar que son fieles al
evangelio? ¿Su cohesión
se debe a la unidad que
Cristo logró entre personas
diversas, o a una simple
homogeneidad de clase social?
Evaluemos nuestros grupos:
¿tienen número limitado

de miembros, ambiente
hogareño, participación
en comidas comunitarias,
proclamación del Evangelio,
ejercicio de dones y
presencia del Espíritu?
¿Todo esto lleva a la unión
en un corazón y un alma?

12

Educación teológica para la misión

Hace unos años una editorial de Buenos Aires publicó un libro sobre la crisis de identidad de un alto porcentaje de sacerdotes católicos romanos en América Latina. Evidentemente, la crisis tenía que ver con los múltiples problemas sociales, económicos y políticos que afectan a nuestros pueblos y con los interrogantes que dichos problemas plantean a la Iglesia y especialmente a sus dirigentes. Desde ese entonces, los problemas se han complicado más todavía. No es de sorprenderse que la crisis de identidad se haya agudizado tanto entre sacerdotes católico romanos como entre pastores evangélicos. Estemos o no de acuerdo con la idea que el mundo provee la agenda para la misión de la Iglesia, tenemos que reconocer la imposibilidad de que ésta se sustraiga de la realidad concreta y de que sus líderes le hagan la vista gorda a la situación permanentemente.

La crisis de identidad de los líderes de la Iglesia pone en evidencia la urgente necesidad de una educación teológica que oriente más adecuadamente a las personas que se están formando como pastores en cuanto a su su futura tarea. Tal orientación, sin embargo, sólo es posible dentro del marco de referencia provisto por una teología bíblica de la vida y misión de la Iglesia. Para entender el papel de los líderes de la Iglesia se requiere entender primero el papel que ella tiene en el mundo. La misionología cobra así especial vigencia en lo que atañe a la formación de los líderes del pueblo de Dios.

Desde una perspectiva bíblica, una de la marcas esenciales de la Iglesia es su apostolicidad. La Iglesia es apostólica no sólo en el sentido de estar edificada sobre el fundamento apostólico sino en el sentido de haber sido enviada al mundo con una misión que se deriva de Jesucristo. El mismo Señor que envió a sus doce apóstoles ("los Doce") a proclamar el Reino de Dios en palabra y acción, continúa enviando a sus seguidores por medio de su Espíritu para cumplir su propósito de redención. La misión de los apóstoles se prolonga así en la misión de toda la Iglesia. Esta no existe para sí misma, sino para el mundo al cual ha sido enviada por Jesucristo. Sólo tiene razón de ser como señal y signo del Reino. El ministerio pastoral existe en función del propósito de Dios para la Iglesia y el mundo. Si la Iglesia ha sido comisionada por Jesucristo como agente del Reino, el foco central del ministerio pastoral tiene que ser la misión de la Iglesia. A eso apunta Pablo cuando afirma que Cristo constituyó «apóstoles», «profetas», «evangelistas» y «pastores y maestros» a fin de equipar a los creyentes, es decir, «a fin de capacitar al pueblo de Dios para la obra de servicio, para edificar el cuerpo de Cristo» (Ef 4.12 NVI). En otras palabras, la provisión divina de líderes responde a la necesidad de capacitar a los «laicos» para que participen activamente en la «diaconía» (el ministerio o servicio) de la Iglesia en el mundo y en el crecimiento integral de la comunidad del Reino.

Tal definición del ministerio pastoral no siempre recibe la atención debida por parte de las instituciones de educación teológica. Con demasiada frecuencia la preparación que éstas ofrecen está orientada por una imagen del pastor como un «hombre orquesta», un «superhombre» que concentra en sí mismo todo el ministerio de la Iglesia. Como consecuencia, el esfuerzo de muchos pastores se diluye en múltiples tareas administrativas e institucionales que no le dejan tiempo para lo principal: la formación de discípulos de Cristo que vivan en función del propósito de Dios. Constantemente sacrifican lo importante en favor de lo urgente. Y terminan por sentirse frustrados e inciertos en cuanto al propósito de su propio ministerio.

Se evitarían muchos problemas si los seminarios e institutos bíblicos enfocaran su tarea tomando muy en cuenta que la educación teológica existe en función de la Iglesia, pero de la Iglesia no como un fin en sí sino como la comunidad del Señor y Rey Jesucristo y al servicio del Reino de Dios y su justicia. El objetivo último de la Iglesia es el sometimiento de la totalidad de la vida a la soberanía de Dios de modo que él sea «todo y en todo». Ese objetivo provee el marco de referencia de su misión en el mundo. La Iglesia no es el Reino de Dios, pero tiene el objetivo inmediato de manifestar el Reino de Dios en el presente, en anticipación del fin, por el poder del Espíritu. La educación teológica no es es más que un medio para lograr ese objetivo de la Iglesia. Cuando no hay claridad en cuanto a la prioridad del Reino respecto a la Iglesia, la educación teológica deja de cumplir su propósito y se constituye en un medio para el entrenamiento de meros funcionarios eclesiásticos.

La misión de la Iglesia tiene una dimensión personal y una dimensión social y política. La educación teológica debe responder a ambas dimensiones. Cuando enfatiza lo personal, debe recordar que el ser humano vive en sociedad y que ninguna necesidad humana puede ser considerada ajena a la preocupación cristiana. Cuando enfatiza lo social y político, debe recordar que cada persona tiene que responder personalmente al llamado del Evangelio y que la formación de una nueva humanidad comienza por la creación de hombres y mujeres nuevos en Cristo. Cuando lo personal y lo social se conjugan en la preparación de los líderes, se sientan las bases para una iglesia apta para el servicio del Reino de Dios y su justicia. Además, se remueve por lo menos una de las causas principales de la crisis de identidad de muchos pastores que no tienen claridad en cuanto a su ministerio porque tampoco tienen claridad en cuanto al propósito de Dios para su pueblo en relación con el mundo.

C. René Padilla

Preguntas para debatir en grupo

1. Según este escrito, ¿cuál es el papel de la iglesia en el mundo? ¿En qué dos sentidos dice el autor que la iglesia es apostólica? ¿Cuál es la diferencia concreta entre una iglesia que existe para sí misma y una que existe para el mundo al cual Jesucristo la ha enviado?

2. ¿El ministerio pastoral de su iglesia tiene como foco central la misión de la Iglesia y la necesidad de formar discípulos y capacitar a los miembros? ¿O prima la imagen del pastor como un 'hombre

orquesta' con múltiples tareas administrativas e institucionales, como si fuera un funcionario eclesiástico?

3. ¿Perciben ustedes que durante la formación de los líderes se está teniendo en cuenta cuál es la misión de la iglesia? ¿La educación teológica sirve para lograr que la iglesia manifieste el Reino de Dios?

4. La misión de la Iglesia tiene una dimensión personal y una dimensión social y política. ¿En qué medida la educación teológica de los candidatos al pastorado responde a ambas dimensiones? ¿En qué medida nuestros líderes han sido preparados para capacitar a sus iglesias en ambas áreas?

13

El amor al poder y el poder del amor

Pocas tentaciones son tan sutiles como la tentación al poder. Y de todas las tentaciones posibles para los descendientes de Adán, ninguna contribuye tanto como ésta a la destrucción de las relaciones humanas.

Sobran argumentos para defender el deseo de superación que nos anima en muchos de los proyectos que emprendemos a lo largo de la vida. En efecto, algo anda mal cuando uno vive al viento que sopla, sin ánimo de lucha, sin planes que den sentido de dirección a lo que hace.

El problema aparece cuando las ambiciones se orientan al engrandecimiento personal; cuando uno está dispuesto a encaramarse sobre los demás para conseguir lo que quiere; cuando olvida promesas, rompe compromisos, comete infidelidades, recurre al soborno, todo ello en beneficio propio. El amor al poder es un veneno que mata las relaciones interpersonales.

La ambición de poder no sólo afecta a la sociedad sino también a la familia y a la Iglesia. Está en la raíz misma de muchos de los conflictos que cortan el diálogo entre el esposo y la esposa, y entre los padres y los hijos. Es lo que impide que se llegue a soluciones reales y que florezca la armonía.

Los pastores y líderes de la Iglesia son especialmente susceptibles a la tentación al poder. El solo hecho de haber sobresalido en un grupo humano y de ser reconocidos como «líderes» por los demás los coloca en una posición de poder imaginario o real. Lo que hagan con ese poder dependerá de muchos factores, pero no hay duda de que hablar de liderazgo es hablar de poder.

De nada sirve negar que liderazgo connota poder. El que lo niega no sólo cae en un simplismo sino que se expone a caer también en la sutil tentación al poder. La alternativa es reconocer que todo liderazgo conlleva un ejercicio de poder, pero el poder se ejerce para construir o para destruir, para liberar o para oprimir, para bien o para mal.

VOLVER A PENSAR LA MISIÓN

En el ámbito cristiano, la tentación a usar el poder personal –el que se deriva del cargo, o del don espiritual, o del conocimiento, o de la profesión, o de la personalidad, o del dinero– para servirse a uno mismo viene envuelta en un manto de piedad, acompañada de justificativos bíblicos y teológicos. Sin embargo, la utilización del poder para alcanzar objetivos meramente humanos, aunque se presenten en nombre de Dios, es demoníaca y reitera el intento de Adán y Eva en el huerto de Edén: el intento de ser iguales a Dios.

De todas las distorsiones posibles en el ejercicio del poder no hay ninguna tan destructiva como la que se da cuando el poder de Dios (p. ej., el que se manifiesta en los milagros de sanidad) se convierte en un negocio. «El poder corrompe, y el poder absoluto corrompe absolutamente.» ¿No es lo que ha sucedido con algunos de los famosos «teleevangelistas» en Estados Unidos? ¿No es lo que está sucediendo, por lo menos en algunos de nuestros países, con «líderes carismáticos» que hoy amasan grandes fortunas, fruto de su «ministerio»? Tal uso del poder es una expresión del amor al poder. A la luz de la ética cristiana, es un «antitestimonio».

¿Cómo se evita caer en la tentación del poder? Al poder, como al dinero (que también es poder) hay que exorcizarlo. Pero, ¿cómo? Reemplazando

103

el amor al poder por el poder del amor. Colocando todo lo que uno es y todo lo que uno tiene, al servicio de Dios y de los demás.

En realidad, el problema fundamental de quien ejerce el poder para engrandercerse a sí mismo no es que tiene poder. Es que el poder que tiene lo usa para su propio beneficio y no para el beneficio de los demás.

La respuesta a un mal uso del poder no es la negación de la realidad del poder, ni es el tratar de abstenerse de usar el poder. La respuesta es un buen uso del poder.

La mejor ilustración del buen uso del poder la encontramos en Jesucristo. Movido por el amor, él usó su poder para oponerse al mal e impulsar el bien, liberando a la gente de todo tipo de esclavitudes y ataduras, y dando vida en abundancia. Fue un «líder», si cabe la expresión, pero un líder/siervo, un líder que ejerció el poder en función del amor, un líder que no vino a ser servido sino «para servir y para dar su vida en rescate por muchos» (Mc 10.45 NVI).

El modelo de liderazgo que prevalece en el mundo es el piramidal, jerárquico y gerencial. El liderazgo es cristiano en la medida en que renuncia a ese modelo autoritario de la sociedad pagana y acata como norma el ejemplo de Jesucristo, el modelo del líder/ siervo caracterizado, entre otras cosas, por el amor y la humildad. En otras palabras, el liderazgo es cristiano en la medida en que toma en serio la palabra de Jesucristo a sus discípulos, la palabra que se hizo carne en su propia persona:

Como ustedes saben, los que se consideran jefes de las naciones oprimen a sus súbditos, y los altos oficiales abusan de su autoridad. Pero entre ustedes no debe ser así. Al contrario, el que quiera hacerse grande entre ustedes deberá ser su servidor, y el que quiera ser el primero deberá ser esclavo de todos (Mc 10.42-44).

La tarea prioritaria de los líderes de cada congregación local es formar líderes que sirvan en la Iglesia y en la sociedad; líderes/siervos que, olvidándose de sí mismos, vivan para el Reino de Dios y su justicia. El Nuevo Testamento provee las directrices para la realización de esa tarea (ver, por ejemplo, el pasaje citado en Marcos 10 y 1 Pedro 5.1-3). Y el poder transformador del Espíritu Santo está a disposición de todo líder que anhela, por sobre todas las cosas, reflejar en su vida y su ministerio la imagen de Jesucristo, el Mesías crucificado, el líder/siervo.

Preguntas para debatir en grupo

1. ¿Tenemos ese sentido de superación que nos anima en los proyectos que emprendemos, o nos sentimos sin ánimo de lucha, sin planes, sin dirección? ¿Se orientan nuestras ambiciones al engrandecimiento personal y al beneficio propio? ¿Vemos en nuestros matrimonios, relaciones con hijos o en la iglesia la ambición de poder que mata las relaciones interpersonales?

2. ¿Cómo vemos el ejercicio del poder en nuestra iglesia? ¿Se utiliza para construir o para destruir? ¿Para liberar

o para oprimir? ¿Para bien
o para mal? ¿Vemos en nuestra
iglesia el peligro de usar el
poder personal para servirse
uno mismo, disimulado en un
manto de piedad y acompañado
de justificativos bíblicos
y teológicos? ¿Pensamos
en ejemplos concretos
del poder de Dios que se
convierte en negocio?

3. ¿Cómo podemos exorcizar el
amor al poder y el dinero
y transformarlos en el
poder del amor? Pensemos en
ejemplos concretos del buen
uso del poder que beneficia
a los demás. ¿Cuál sería la
alternativa a la acumulación
del poder? ¿Qué pasa cuando
uno reparte el poder en vez de
acumularlo? ¿Qué dificultades
y beneficios tiene trabajar
en un equipo en el cual
el poder se comparte?

4. ¿Cuál es el modelo de
liderazgo que se fomenta
en nuestra iglesia? ¿Es

parecido al de sociedad que nos rodea? ¿O se toma como modelo a Jesús, el líder siervo, caracterizado por el amor y la humildad? Pensemos en ejemplos concretos en que Jesús manifestó su liderazgo de servicio. ¿Cómo podemos imitarlo?

Apéndice

Viñetas de una iglesia sierva

Si algo aprendí al comienzo de mi tiempo como pastor de una pequeña iglesia de clase media en una zona residencial del Gran Buenos Aires a mediados de la década del año setenta es que muy a menudo los factores que más afectan la vida y misión de la Iglesia no son el resultado del planeamiento humano. Irrumpen en nuestro camino y nos sorprenden como la lluvia refrescante en un día de sol y calor.

Era una iglesia evangélica como muchísimas otras: encerrada dentro de sí misma, sin visión ni misión. Una vez al año realizaba una gran «campaña de evangelización», de tres o cuatro noches consecutivas, para la cual invitaba a algún evangelista de la denominación. Cuando concluía este esfuerzo anual, todo volvía a su triste normalidad. El único resultado seguro era el cansancio de los miembros, a veces compensado por la presencia de dos o tres nuevas «almas» en la congregación.

Los tres hombres que fuimos convocados a formar un nuevo equipo pastoral en 1976 estábamos de acuerdo: esa iglesia precisaba un cambio radical. La cuestión era cómo lograrlo. Para empezar decidimos predicar, en un estilo dialógico –con la posibilidad de que los oyentes hicieran comentarios o plantearan preguntas– una serie de sermones dominicales sobre la naturaleza y misión de la Iglesia. A la vez, tomamos medidas prácticas que apuntaban a conseguir que la enseñanza bíblica no se quedara en la esfera de lo abstracto sino se hiciera carne en esa pequeña comunidad de fe. Una de esas medidas, por ejemplo, fue la publicación de una «carta semanal» con un resumen del sermón dominical, con el fin de que éste fuera discutido por los miembros de la congregación en grupos que se reunían entre semana en varios hogares. Otra fue la realización de un «foro abierto» mensual, para tratar más detenidamente los temas de los sermones y las preguntas que hubieran surgido como resultado de la predicación.

Si hoy un equipo pastoral, del cual yo fuera parte, se viera abocado a la tarea de ayudar a una iglesia a salir de su ensimismamiento, otra vez daría mi voto a favor de empezar con un ministerio docente que tome muy en serio el tema eclesiológico. Toda iglesia, grande o pequeña, necesita una visión clara de lo que significa ser pueblo de Dios en la sociedad secular. Sin embargo, estoy convencido de que el factor más decisivo para el radical cambio de perspectiva que se dio en nuestra iglesia a partir de 1976 no fue el ministerio docente ni ninguna otra cosa que nosotros hayamos planeado: fue algo totalmente inesperado, con lo cual Dios mismo nos sorprendió. Y su acción fue para nosotros como la lluvia inesperada en un día de calor.

Una iglesia de pecadores

Un domingo cualquiera, de buenas a primeras hizo su aparición en la iglesia un joven llamado Jorge. Al final del culto me contó su historia. Se trataba de un ex traficante de drogas, caudillo nato, experimentado en negocios ilícitos en el mundo de la prostitución. Sus fechorías lo habían llevado a los Estados Unidos. Allí, en la ciudad de Boston, un buen día entró en un café, siguiendo a una joven que atrajo su atención. El café era un lugar de avanzada de evangelización de una iglesia, y cada tanto se hacía una presentación del evangelio. Allí, por primera vez en su vida, Jorge escuchó las buenas nuevas de salvación en Cristo. El mensaje causó en él un efecto positivo. Como resultado, el nuevo creyente decidió volver a su país con un doble objetivo: compartir su fe con sus viejos compañeros de diabluras, y comprar una casa para sus padres. Al regresar a Buenos Aires, con el ánimo de cumplir su primer propósito buscó una iglesia evangélica, y así fue a dar con la nuestra. Después de contarme su historia me preguntó: «¿Estaría bien que yo traiga a mis amigos a esta iglesia?»

Jamás habría podido yo imaginar lo que mi respuesta positiva a esa pregunta significaría a corto plazo para toda la iglesia. A partir del siguiente domingo nos vimos literalmente «invadidos» por una veintena de jóvenes drogadictos, hombres y mujeres, invitados por Jorge. ¿Qué iba a hacer nuestra iglesia –una respetable iglesia de «gente bien» para la cual el ascenso social era una meta que se anteponía inequívocamente a la de colaborar en la misión de Dios– con estos marginados? Además, aunque por parte de los creyentes hubiera la mejor disposición frente a los drogadictos, ¿cómo se podía evitar que la sola presencia de éstos en la iglesia le diera una imagen negativa en toda la zona? ¿Y cómo se iba a manejar la cuestión del peligro de «contagio» de la drogadicción a los hijos de las familias que formaban parte de la iglesia?

Los meses que siguieron fueron un periodo de crisis de identidad para toda la iglesia. Varios miembros amenazaron con irse, a menos que tomáramos medidas enérgicas para impedir que los amigos de Jorge vinieran a la iglesia drogados. Mientras tanto, sin embargo, la mayoría de los miembros estaba experimentando una verdadera *metanoia*: un cambio de actitud hacia los drogadictos y, a partir de su contacto con ellos, una total reorientación de su manera de entender la iglesia y su participación en ella.

Es posible que en esos días algunos miembros de la iglesia hayan decidido buscar otro redil donde no tuvieran que pastar junto a ovejas tan «anormales» como las que Jorge había traído. Si los hubo, sin embargo, no fueron muchos: la gran mayoría de los miembros fue aprendiendo, poco a poco, a amar con el amor con que Dios nos amó en Cristo. Como resultado, varios de los drogadictos dejaron las drogas y emprendieron el camino de la fe.

Un admirable ejemplo del poder transformador del amor puesto en acción en nuestro medio en esos días fue Eduardo. Nacido en el humilde hogar de un vendedor de diarios, en el mismo año en que el famoso Perón fuera derrocado (1955), Eduardo tenía veintiún años cuando comenzó a frecuentar la iglesia. De esos años, los siete últimos los había vivido en el mundo de las drogas. Por un año aproximadamente asistió a la iglesia sin entender ni por qué ni para qué lo hacía: seguía drogándose, pero concurría a las reuniones de la iglesia porque sabía que allí se lo amaba y aceptaba a pesar de su estilo de vida. Un día, a raíz de una riña callejera, fue a parar en la cárcel. Para su sorpresa, varios miembros de la iglesia fueron a visitarlo y a compartir con él ropa y alimentos. Con el tiempo, Eduardo entregó su vida a Jesucristo y dejó las drogas. Durante muchos años dirigió el hogar «El Camino», un centro de rehabilitación de drogadictos al cual haremos referencia más adelante.

Si en 1976 alguien nos hubiera sugerido «hacer algo» para sembrar la semilla del evangelio en el mundo de los usuarios de drogas, lo más seguro es que nos habríamos negado aun a considerar la posibilidad de hacerlo. Sin embargo, a partir de ese año, en respuesta al desafío que Dios colocó en nuestro camino, el ministerio con usuarios de drogas se constituyó en uno de los ejes principales de la misión de la iglesia. Alrededor de ese eje girarían los énfasis de la enseñanza, los horarios de las reuniones, las prioridades presupuestarias y otros aspectos de la vida de la iglesia. Se diría que ésta se estructuró para servir a personas de un sector marginado de la sociedad.

Con este objetivo inclusive se nombró a Jorge como obrero de la iglesia y se le dio la tarea de visitar los bares de la zona en búsqueda de víctimas de la drogadicción. Así nació el «Programa Felipe», que con el tiempo se convirtió en un prestigioso programa de rehabilitación de drogadictos.[1] Pero el beneficio no fue solamente para éstos, sino para toda la iglesia. La presencia de jóvenes como Eduardo fue el medio que Dios usó para enseñarnos una de las lecciones más importantes que necesitábamos aprender: que la iglesia de Jesucristo es una comunidad de pecadores. Por supuesto, esto no niega que la iglesia sea la «comunión de los santos». Lo es porque ha sido «santificada» en Cristo, en virtud de lo cual no se sustrae de la humanidad pecadora sino se solidariza con ella y experimenta el perdón de Dios por la fe. Sólo una iglesia que vive de la gracia de Dios está en condiciones de anunciar la buena noticia de salvación en Cristo.

«Dejad a los niños venir a mí»

El ministerio de rehabilitación de drogadictos resultó ser un punto de inserción de nuestra iglesia en el mundo de los pobres. Sensibilizado por las apremiantes necesidades puestas en evidencia por medio del «Programa Felipe», el «grupo de formación» –un grupo de jóvenes de la iglesia– inició una actividad semanal de recreación y enseñanza bíblica en una escuela primaria de San Jerónimo, un barrio obrero del Gran Buenos Aires.

Allí paulatinamente fue tomando forma un ministerio eclesial que con el tiempo llegó a llamarse «Creer y Actuar». La iglesia contrató los servicios de Manuela, una joven maestra recuperadora, para que diera apoyo escolar a los niños del barrio en un local alquilado especialmente para este fin.

Todavía recuerdo algunas de mis largas conversaciones pastorales con esa jovencita que, con sus diecinueve años de edad, se sentía constantemente desafiada por el drama de injusticia y pobreza que las familias de los niños vivían y que ella percibía por medio de sus alumnos. Las clases de recuperación escolar de Manuela nos proveyeron ojos para ver necesidades humanas que hasta ese momento habíamos desconocido casi por completo.

Una de las crisis más agudas que tuvo que encarar nuestra iglesia fue provocada por un desacuerdo entre sus miembros respecto a la estrategia que debíamos adoptar para llevar adelante el ministerio en San Jerónimo. El conflicto estalló en

VOLVER A PENSAR LA MISIÓN

1982, cuando se le presentó a la iglesia la posibilidad de nombrar como encargada de ese ministerio a una trabajadora social, Julia, que estaba dispuesta a trasladarse a ese barrio, junto con su familia, para encarar la tarea. No bien surgió la propuesta, las personas que se oponían al proyecto se pusieron en campaña para impedir el nombramiento. Uno de sus argumentos era que Julia tenía «tendencias comunistas», lo cual, según ellos, podía comprobarse mediante ciertos poemas que ella había escrito sobre niños de la calle en Buenos Aires. Jamás olvidaré la asamblea en que se debatió la propuesta. Ese día la iglesia se definió teológicamente: nombró a una profesional de las ciencias sociales para dirigir un ministerio eclesial en un barrio pobre. Como consecuencia, la iglesia perdió cinco miembros que no estaban de acuerdo con la decisión. ¿Habrá sido una coincidencia que todos ellos eran personas que disfrutaban de una posición económica bastante holgada?

Julia no era una trabajadora social y nada más: ella y su esposo, Daniel, compartían un profundo compromiso con Jesucristo, y fue ese compromiso lo que los motivó a trasladarse a San Jerónimo. A corto plazo otra pareja de la iglesia se unió a ellos en esa aventura de fe: Manuela –la maestra recuperadora– y su flamante esposo David. En su obra publicada en castellano bajo el título *Justicia para todos* (Nueva Creación, Grand Rapids/Buenos Aires, 1988), John Perkins, el profeta negro de Mendenhall, Mississippi, afirma que el primer requisito para que una iglesia sirva a los pobres es la «reubicación»: algunos de sus miembros deben mudarse al barrio donde viven los pobres, y echar raíces en él. Eso fue lo que hicieron los dos jóvenes matrimonios de nuestra historia. A lo largo de buena parte de la década del año ochenta las dos parejas de profesionales de clase media sentaron las bases para «Creer y Actuar», una «comunidad eclesial de base» que hasta el 2007 desarrolló allí una misión integral. Casi todos los líderes habían nacido y crecido en el barrio, habiéndose iniciado en la fe mientras formaban parte de ese grupo de niños que recibieron ayuda de parte del «grupo de formación» de nuestra iglesia.

Uno de los servicios que «Creer y Actuar» prestó al barrio fue un jardín maternal donde diariamente, de lunes a viernes, se brindaba cuidado a unos veinte niños de madres trabajadoras. Su fundadora fue Ariana, una joven suiza que pasó dos años (de 1982 a 1984) colaborando con el ministerio de extensión de nuestra iglesia en San Jerónimo. El edificio donde funcionó el jardín maternal se construyó con fondos que la madre de Ariana juntó cuando, a la muerte de su esposo, pidió a sus familiares y amigos que, en lugar de comprar flores para el entierro, donaran dinero para el jardín. Durante varios años éste funcionó con personal del mismo barrio, incluyendo a empleados y voluntarios.

«De la marginación a la solidaridad»

Bajo este título se publicó una pequeña obra escrita por Julia, la trabajadora social mencionada anteriormente. Basada en su tesis de licenciatura en Trabajo Social en la Facultad de Ciencias Sociales de una universidad local, recoge la experiencia concreta de trabajo de la autora con personas infectadas de VIH/SIDA. De nuevo, el marco de referencia de esa experiencia es esa modesta comunidad de fe que en 1976 fue sorprendida por Dios y, casi sin quererlo, se vio comprometida en un ministerio con drogadictos. Desde ese entonces en el escenario de la drogadicción ingresó un nuevo actor que dio al drama el colorido de una verdadera tragedia: el VIH/SIDA. Y eso significó que ya no era posible servir en este ministerio sin verse obligado a desarrollar una pastoral tanto a los portadores del virus como a sus familiares y amigos.

Con Eduardo al frente, el hogar «El Camino», sostenido por nuestra iglesia, durante más de dos décadas recibió en su seno a jóvenes usuarios de drogas que deseaban rehabilitarse. El tratamiento psicológico, acompañado por una rica dosis de fe, esperanza y amor, produjo resultados sorprendentes. Sin embargo, en varios casos esa atención tuvo que ampliarse e incluir una pastoral que acompañe a los pacientes en su paso por el sombrío valle de la muerte como víctimas del SIDA. Fueron varios los casos de personas que llegaron la la iglesia con esa sentencia de muerte en su cuerpo, fueron recibidas como miembros y experimentaron el amor de la familia de Dios hasta el día del cumplimiento de esa sentencia. Para ese fin se inició una granja en el campo (a unos 90 kilómetros de la ciudad de Buenos Aires), donde los enfermos de SIDA pudieran trabajar y recibir la mejor atención posible mientras durara su peregrinaje terrenal. El encargado de la granja había vivido en el mundo de las drogas por varios años, a consecuencia de lo cual había perdido a su familia (su esposa y sus tres hijas) y estaba a punto de perder la vida. Cuando ya no le quedaba esperanza de recuperación, fue recibido en «El Camino», tuvo un encuentro con Jesucristo que lo convirtió en un hombre nuevo, vivió rodeado de su familia y sirvió a Dios en este ministerio pionero de atención a enfermos de SIDA.

El capítulo central de la tesis de Julia consiste en la historia de José, quien llegó a «El Camino» y a la iglesia con esa enfermedad que ha sido descrita como «un sitio donde se hacen visibles las contradicciones dentro de la sociedad». Cuando José murió tenía cuarenta años de edad, pero en los últimos cinco vivió la experiencia de ser parte de la iglesia. Según su propio testimonio unos días antes de morir, esos cinco años dieron sentido a toda su vida. La razón es sencilla: el unirse a la iglesia fue para él pasar del ámbito de la discriminación al de la solidaridad.

Formar una mente cristiana

En una sociedad como la latinoamericana, donde es tan obvia la injusticia institucionalizada, una de las señales más claras de la conversión a Jesucristo es el cambio de solidaridad social que experimenta una iglesia local de clase media. Tal *metanoia* sólo es posible por la acción del Espíritu que ungió al Mesías para anunciar las buenas nuevas a los pobres, para proclamar libertad a los presos y dar vista a los ciegos, para poner en libertad a los oprimidos, para proclamar el año del favor del Señor.

No es de sorprenderse que en una iglesia que enfatiza el seguimiento al Mesías crucificado surjan personas con vocación de servicio a los marginados y los pobres. Pienso, por ejemplo, en Pablo y Esther, los dos graduados de una universidad de los Estados Unidos, cuya «reubicación» en un barrio periférico del Gran Buenos Aires da corporalidad y presencia a las buenas nuevas del Reino, buenas nuevas a los pobres. También pienso en Ricardo, un brillante ingeniero electrónico que logró combinar el trabajo de investigación en la Universidad de Buenos Aires con un admirable apostolado entre jóvenes drogadictos. Con ellos se reunía semanalmente a tomar mate y estudiar la Biblia en una casa abandonada, en el centro de la ciudad, y con ellos fue a parar en la cárcel una noche por la sola sospecha, por parte de la policía, de estar consumiendo drogas. Esa noche Ricardo pudo constatar en carne propia los abusos a que se ven sujetos los marginados. Con el tiempo, su experiencia con éstos lo llevó a dejar atrás su carrera académica para dedicarse al pastorado.

Hacia fines de la década del año ochenta varios miembros de la iglesia que venimos mencionando organizamos la Fundación Kairós. En esta pequeña organización no gubernamental (ONG) se concretó institucionalmente la visión recibida de la Comunidad Kairós, iniciada en 1976: formar discípulos de Cristo que vivieran su fe en cada área de la vida humana, particularmente en el campo profesional. Durante muchos años la Fundación Kairós contó con la colaboración de aproximadamente cincuenta profesionales, muchos de ellos voluntarios, que sumaron sus esfuerzos en cinco ministerios. En vista del crecimiento de éstos y en de la necesidad de optimizar la administración y la recaudación de recursos financieros varios de estos ministerios se organizaron como entidades independientes en relación fraternal con la Fundación que les dio origen.

- el *Centro de Estudios Teológicos Interdisciplinarios* (CETI), un programa de educación teológica orientado a profesionales cristianos que quieren prepararse para servir a Dios y a la Iglesia dentro de su campo; actualmente se desarrolla como ministerio independiente como *CETI Continental,* que ofrece programas de estudios teológicos presenciales y virtuales, dirigidos a personas de diversos trasfondos y ocupaciones, profesionales, y líderes eclesiales.

- el *Centro Kairós*, un lugar de retiros, consultas, seminarios y talleres a nivel local, nacional o internacional sobre temas relativos al discipulado y la misión;

- los *Programas de EIRENE* (paz), para personas que quieren capacitarse para servir en la pastoral familiar que con el paso del tiempo se ha convertido en un misterio independiente ubicado en la ciudad de Buenos Aires y ofrece cursos presenciales y virtuales dirigidos a líderes comunitarios y de iglesias, pastores, profesionales y miembros de ONGs y comunidades de fe, y talleres para la familia con diversas temáticas.

- La publicación de literatura por medio de nuestro sello editorial *Ediciones Kairós*, que incluía la revista *Iglesia y Misión* (en su momento el órgano oficial de la Fundación);

- *Desarrollo comunitario*, con énfasis en la formación, especialmente en las iglesias evangélicas, de una conciencia de solidaridad con los más necesitados, y en la provisión de préstamos para la construcción de vivienda y microemprendimientos en los sectores más pobres de la población. Este ministerio tuvo varias transformaciones de acuerdo con las necesidades que se iban presentando, y actualmente se desarrolla de manera independiente como *Comunidad y Cambio*, con sede en Villa María, Córdoba.

La iglesia que se compromete con los pobres se constituye en una señal de la nueva creación que irrumpió en la historia en la persona y obra de Jesucristo; una señal de esperanza en medio de la desesperanza. De ahí la importancia de un ministerio docente que una la teoría con la práctica y esté orientado a formar, en toda la iglesia y en cada uno de sus miembros, una mente cristiana, una mente que conciba la totalidad de la vida humana como campo de la acción transformadora de Dios.

Conclusión

Sobran motivos para criticar a la Iglesia. Con demasiada frecuencia ella ha sido la principal culpable de que la gente haya dado la espalda a Dios, considerando que la fe cristiana no tiene nada que ofrecerle. Todo eso es cierto. También es cierto, sin embargo, que cuando la Iglesia se abre a los marginados y los pobres, Dios la sorprende haciendo de ella un buen samaritano que responde a las necesidades del prójimo con los recursos del Reino de Dios: la fe, la esperanza y el amor.

www.ingramcontent.com/pod-product-compliance
Lightning Source LLC
LaVergne TN
LVHW051952060526
838201LV00059B/3611